W0069253

Halka Breyhan
Kreative Förderideen
zur Stärkung schulischer Kompetenzen

Halka Breyhan

Kreative Förderideen

zur Stärkung schulischer Kompetenzen

HERDER

FREIBURG · BASEL · WIEN

© Verlag Herder GmbH, Freiburg im Breisgau 2010
Alle Rechte vorbehalten
www.herder.de

Umschlaggestaltung: Schwarzwaldmädel, Simonswald
Fotos Umschlag und Innenteil: Halka Breyhan
Layout, Satz und Gestaltung: Weiß-Freiburg GmbH – Graphik & Buchgestaltung
Herstellung: Himmer AG, Augsburg

Gedruckt auf umweltfreundlichem, chlorfrei gebleichtem Papier
Printed in Germany

ISBN 978-3-451-32255-6

Inhalt

Vorwort 7

Einleitung 8

Wir schwingen auf und ab

Lockerungen und Vorübungen für das Schreiben 14
Mit „Feuerschwänzen" in die Luft zeichnen 15
Zeichnen in Bewegung 16
Tierbilder gestalten 20
Modellieren einer Murmelbahn 23
Eine Murmelbahn aus Papier herstellen 25
Malen von der Hängematte aus 26

Wo ist eigentlich die Mitte?

Förderung von Wahrnehmung, Konzentration und
Auge-Hand-Koordination 30
Eckpunkte verbinden, um die Blattmitte zu ermitteln 30
Die Mitte eines Blattes finden: Falten und Zeichnen 32
Punkte verbinden 34
Von der Mitte aus Zeichnungen ergänzen 37
Schwungvoll Achten malen 40

Schwung- und Wurfbilder

Stärkung von Koordination und (Raum-)Wahrnehmung 44
Schwünge rollen 45
Malen im Gehen: Wandgestaltung 46
Gemeinsames Malen mit einem „Malapparat" 48
Mit getrockneten Blättern gestalten: Wurfbilder 51
Getrocknete Blütenblätter zu Bildern formen 54

Ich möchte einen Kreis!

Wahrnehmen und Gestalten von geometrischen Formen 58

Hilfen, einen Kreis zu erstellen 59

Kreisflächen gestalten 61

Aus Kreisen Ovale entwerfen 63

Mit kleinen Objekten Kreise legen 66

In der Natur Kreise und Kugeln finden 68

Kugeln gestalten 69

Wir bewegen uns im Kreise

**Unterstützung von Grobmotorik, Raumwahrnehmung
und des sozialen Miteinanders** 74

Kreise laufen 75

Kreise aus Fundstücken legen 78

Kreise pflanzen 80

Spiralen entwerfen 81

Wie in einem Spinnennetz

Förderung von Zielgenauigkeit, Motorik und Kraftdosierung 86

Ein Nagelbrett erstellen 86

Geometrische Figuren fädeln 87

Ein Netz frei zeichnen 89

Ein riesiges Spinnennetz spinnen 90

Ein großes Netz malen 92

Schlussbemerkung 95

Danksagung 95

Literaturtipps 96

Vorwort

Warum müssen Kinder eigentlich still am Tisch sitzen, um ihre Bilder zu malen oder zu zeichnen? Wie können Kinder, die weniger Lust dazu haben oder weniger geschickt sind als andere, zum kreativen Gestalten motiviert werden? Wie können wir Kinder mit eventuellen Wahrnehmungsstörungen, mit zu schwachem oder zu starkem Muskeltonus fördern? Gleichzeitig möchten wir ihnen Selbstvertrauen und Kraft geben, damit sie sich weiterhin bemühen und Spaß am Gestalten haben. In der gleichen Gruppe sind andere Kinder besonders begabt und scheinen gar nicht genug Malangebote bekommen zu können. Diese möchten ebenso durch interessante Projekte gefordert werden.

Im Folgenden werden kreative Ideen aufgezeigt, mit denen Sie Kindern Gelegenheit bieten, diese individuell zu fördern, ohne sie zu isolieren oder sie in ihrem Freiraum einzuschränken. Durch Bewegung und Gemeinschaftsarbeiten kann jedes Kind seinen persönlichen Platz bei der Gestaltung finden und seine Fantasie wie auch sein Geschick weiterentwickeln. Durch vielfältige Zusatzangebote können Sie die erworbenen Kenntnisse und die kreativen Übungen ausbauen und „unersättlichen" Kindern neue und auch schwierigere Tätigkeiten anbieten.

Bei der Umsetzung der Ideen wünsche ich Ihnen viel Freude und dass Ihre wie auch der Kinder Lust auf das Ausleben der Kreativität geweckt werden. Aus Gründen der Lesbarkeit verwende ich die weibliche Anrede. Ich bitte die männlichen Kollegen, dies zu entschuldigen und sich auch angesprochen zu fühlen.

Im Anhang finden Sie eine Liste mit Fachliteratur, die beispielsweise hilft, Wahrnehmungsstörungen oder Hochbegabungen zu erkennen und mit ihnen umzugehen.

Einleitung

Ästhetische Bildung im Kindergarten

Ästhetische Bildung nimmt im Zusammenhang mit der Bilderflut, auf die wir täglich treffen, immer mehr an Bedeutung zu. Dazu gehört der Erwerb sowohl von Bild- und Medienkompetenz als auch von Sprachkompetenz. Bei Kindern bedeutet ästhetische Bildung aber vor allem, dass auch ihrem Bedürfnis nach Spiel und Bewegung Rechnung getragen wird. Denn Kompetenz beinhaltet auch unsere Fähigkeit, etwas erlernen zu können. Dieser Aspekt wird in den vorgestellten Ideen in den Mittelpunkt gestellt.

Das folgende Buch möchte kreative Aktivitäten anbieten, die Kindern zwischen vier und sieben Jahren einerseits verschiedene Möglichkeiten geben, sich durch bestimmte Bewegungen gestalterisch auszudrücken und andererseits ihre Ergebnisse mit in ihr Leben zu integrieren: als Spielzeug, als Accessoire oder als Geschenk. Häufig handelt es sich um Bewegungen, die den Kindern durch das tägliche Spielen vertraut sind und die mit gestalterischen Techniken kombiniert werden. Die Anregungen sind aber durchaus auch mit Kindern im Grundschulalter durchführbar.

Zu den Aktivitäten gehört beispielsweise das Kreisen und Drehen, das Schaukeln und Schwingen. Übungen bzw. Bewegungen, bei denen das Kreuzen der Mittellinie erforderlich ist, regen beide Gehirnhälften an. Sie fördern die Konzentration, aber auch die Koordination einzelner Körperteile. Auch Gleichgewicht und fein- sowie grobmotorische Geschicklichkeit werden gefordert. Manche Aktivitäten stellen die Kinder vor ungewöhnliche Herausforderungen, lassen sie lachen, sich amüsieren und regen sie zum freien Experimentieren an.

Wahrnehmung gezielt fördern

Zur Verarbeitung der zahlreichen Sinnesreize, mit denen wir täglich in Berührung kommen, brauchen wir eine bewusste Wahrnehmung.

Um auf die individuellen Unterschiede in der Entwicklung und die Neigungen der Kinder eingehen zu können, bieten sich verschiedene Gelegenheiten. Bei den folgenden Angeboten handelt es sich um Bewegungsübungen, die oft mehrere Sinnesreize gleichzeitig ansprechen. Die sinnliche Wahrnehmung der Kinder wird auf abwechslungsreiche Weise im Zusammenhang mit den gestalterischen Tätigkeiten gefördert. In Verbindung mit ästhetischer Bildung spielt die Verfeinerung der Sinne eine große Rolle. Der Hautsinn ist beispielsweise von besonderer Bedeutung. Er kommt ständig mit unterschiedlichen Materialien in Kontakt und untersucht deren Beschaffenheit: weich, hart, feucht, nass, trocken, glatt, rau, warm oder kalt.

Aber auch die vestibuläre Wahrnehmung (Gleichgewichtssinn) wird in vielen der folgenden Übungen miteinbezogen. Hier finden die Kinder die Gelegenheit, sich aktiv und über die körperliche Bewegung mit Zwei- und Dreidimensionalität, aber auch mit Komposition und Koordination auseinanderzusetzen.

Schulische Kompetenzen ganzheitlich unterstützen

Sich auf einem Blatt Papier oder auch im Raum zurechtfinden, setzt zudem eine gut funktionierende visuelle Wahrnehmung voraus. Für Anforderungen in der Schule ist diese Form der Aufnahmefähigkeit sehr wichtig, da sie sich sowohl auf das Leseverständnis, als auch auf Rechtschreibung und mathematische Kenntnisse auswirkt (z.B. nachzulesen in „Fühlen, hören, sehen", siehe Literaturtipps auf S. 96). Die im Folgenden vorgestellten kreativen Aktivitäten unterstützen die ganzheitliche Förderung im visuellen wie auch im Koordinations-Bereich, sie bilden die im schulischen Alltag erforderliche Feinmotorik und Auffassungsgabe der Kinder aus.

Auch die Hand-Auge-Koordination stellt einen wichtigen Aspekt für die Vorbereitung zur Schule dar. Dazu gehört das Visualisieren und Darstellen von Objekten, es kann regelrecht trainiert werden. Beispielsweise versuchen die Kinder, auf einem Bild den sie umgebenden Raum mit Möbeln zu zeichnen. Danach versuchen sie, ihr Kinderzimmer oder einen anderen Kindergartenraum aus dem Gedächtnis zu zeichnen. Schließlich vergleichen sie ihre Bilder mit der wirklichen Umgebung und ergänzen die Zeichnungen gegebenenfalls. Auf diese Weise wird ihre Fähigkeit, Gesehenes zu visualisieren, im Gedächtnis zu speichern und zeichnerisch wiederzugeben, ausgebaut, was sowohl ihre spätere Lesekompetenz als auch logische, mathematische Denkstrukturen fördert.

Des Weiteren spielt beim Zeichnen und Malen die Kraftdosierung eine wichtige Rolle. Im vorliegenden Buch werden vielfältige Angebote beschrieben, in denen unterschiedliche Formen der Kraftdosierung notwendig sind. Sie helfen dem einzelnen Kind, seine Kraft besser einzuteilen und sie gezielter einzusetzen, um weniger schnell zu ermüden. Außerdem kommt die Finger- und Handgeschicklichkeit hinzu, die in täglichen Verrichtungen notwendig ist. Beim kreativen Gestalten lässt sie sich stetig und langsam steigern, sodass auch andere Bereiche außerhalb des Gestaltens davon stark profitieren. Auch hier erhöht sich die Ausdauer und Konzentration der Kinder, und sie sind nicht so schnell enttäuscht, wenn etwas beim ersten Mal nicht gelingt.

Abschließend möchte ich noch etwas zur Umgebung sagen, in der Kinder aktiv gestalten können. Es ist, wie viele der beschriebenen Aktivitäten zeigen, nicht unbedingt notwendig, besonders ausgerüstete Räume zur Verfügung zu stellen. Es kann auch sehr anregend sein, mal im Treppenhaus, im Vorgarten, auf dem Spielplatz oder im Speiseraum kreativ zu werden. Allgemein gilt eher, dass Kinder ausreichend Bewegungsfreiheit und möglichst wenig Ablenkung durch Dekoration und Spielzeug brauchen. Dann können sie ihrer Fantasie freien Lauf lassen und ihre Ideen eigenständig umsetzen. Auch eine geeignete Materialausstattung (wie z.B. „remida" sie anbietet: www.remida.de), eine vorbereitete Umgebung oder das Arbeiten im Freien hat einen natürlichen Aufforderungscharakter.

Freude am kreativen Gestalten wecken

Eine Möglichkeit, die Freude der Kinder am kreativen Gestalten zu wecken, besteht darin, alle Kinder in gemeinsame kreative Aktivitäten mit einzubeziehen, in denen jedes individuell seine Ideen und Stärken einbringen und entfalten kann. Diese Beteiligung eines jeden Kindes fördert die Freude am Tun, verschiedenste Kompetenzen sowie die soziale Integration. Solche Gemeinschaftsarbeiten geben den Kindern ausreichend Raum, Techniken auszuprobieren, ohne vor neuen Aufgaben und Schwierigkeiten zurückzuschrecken. Sowohl ihre Selbstständigkeit als auch ihre Motivation zu kreativem Gestalten werden angeregt.

Wer lieber zusehen möchte, beobachtet, was die anderen machen und lernt hieraus ebenso dazu. Die aktiven Kinder oder die Erzieherinnen bitten die zögernden Kinder nach einiger Zeit um Unterstützung. Dadurch werden alle motiviert und an die *eigene* Stärke erinnert: Das kann ein Bild sein, das sie in der Vergangenheit gemalt haben oder eine andere kreative Situation, in der sie etwas gemeinsam umgesetzt haben. Wichtig dabei ist, die Kinder auf ihrem eigenen, individuellen Weg zu ermutigen und so ihr Selbstvertrauen zu stärken.

Selbst beim Schneiden dienen Hilfestellungen dazu, den Kindern Anhaltspunkte und Sicherheit zu geben. Oft reicht es aus, das Blatt, aus dem ein Kind etwas ausschneiden möchte, zu halten und zu drehen. Oder aber die auszuschneidende Form wird durch eine mit Bleistift leicht skizzierte Umrandung vereinfacht.

Beim Zeichnen eines bestimmten Objekts können die Erzieherinnen Eckpunkte dazu vorgeben. Je unsicherer ein Kind ist, desto mehr und enger liegende Punkte können als Orientierung auf ein Blatt gesetzt werden. Diese verbinden die Kinder dann und lernen mit der Zeit, mit immer weniger Anhaltspunkten zurechtzukommen.

Aber auch bei Faltarbeiten können Hilfestellungen angeboten und dann nach und nach zurückgenommen werden. Wiederholen die Kinder die nötigen Handgriffe mehrmals, so fällt ihnen das Falten immer leichter, sodass sie mit der Zeit motiviert sind, auch kompliziertere Kniffe auszuprobieren.

Außerdem können die Erzieherinnen Hilfe bei der Gestaltung anbieten. Nach meiner Erfahrung hilft schon die leichte Andeutung eines Kreises oder ein kleiner Haken, um ein sehr zurückhaltendes Kind zu motivieren, den Stift in die Hand zu nehmen und loszuzeichnen. Ein fliegender Vogel erhält dadurch schon einmal einen Kopf, einen angedeuteten Flügel oder vielleicht einen Schwanz. Der restliche Körper, die Augen, der Schnabel, der zweite Flügel, die Federn und die Farben werden vom Kind dazugemalt, ohne dass die Individualität der Zeichnenden zu sehr beeinträchtigt wäre. Mit der Zeit nimmt die Sicherheit der Kinder von selbst zu.

Durch die folgenden Angebote werden Kinder immer wieder zu neuen Bewegungen und fantasievollen Ideen angeregt, die durch eventuelle Unterstützung durch die Erzieherinnen kreativ und individuell umgesetzt werden können. Zurückhaltende Kinder werden in ihren Ideen gestärkt und ermutigt, besonders begabte weiter herausgefordert. Durch gemeinschaftliche Aktivitäten entsteht ein soziales Miteinander, in dem alle Kinder mit ihren individuellen Stärken angeregt und unterstützt werden.

Wir schwingen auf und ab

 Mit „Feuerschwänzen" in die Luft zeichnen

 Zeichnen in Bewegung

 Tierbilder gestalten

 Modellieren einer Murmelbahn

 Eine Murmelbahn aus Papier herstellen

 Malen von der Hängematte aus

Lockerungen und Vorübungen für das Schreiben

Im Bereich Bewegung und Gestaltung gehören Schwungübungen zur Grundlage einer dynamischen Formgebung. Sie lockern sowohl körperlich als auch geistig. Durch beidhändige Übungen werden außerdem beide Gehirnhälften gleichzeitig aktiviert. In diesem Kapitel werden Tätigkeiten vorgestellt, bei denen die Fein- und Grobmotorik, der Gleichgewichtssinn, die Vorstellungskraft und die visuelle Wahrnehmung gefordert und gefördert werden.

Bei den folgenden, aufgeführten Aktivitäten geht es in erster Linie um Lockerungsübungen, die verschiedene Arten von Koordination einzelner Körperteile mit einschließen. Es werden Schwünge, Wellen und Ähnliches gezeichnet, gemalt und modelliert. Von der zweidimensionalen Zeichnung wird schließlich zum dreidimensionalen plastischen Gestalten übergegangen. Aus modellierten Hügellandschaften werden Murmelbahnen, mit denen nach der Fertigstellung wunderbar gespielt werden kann. Schwingen auf einer Schaukel oder in einer Hängematte bringt verstärkt die vestibuläre Wahrnehmung (Gleichgewichtssinn) ins Spiel. Die daraus entstehenden ornamentalen Zeichnungen drücken Bewegung und Dynamik aus.

Gemeinsam ist diesen kreativen Aktivitäten das vom Ziel befreiende Element. Es entsteht kein festgelegtes Endprodukt oder gefordertes Ergebnis, das ein bestimmtes Geschick oder Gelingen voraussetzt. Hier geht es um die Bewegung sowie um die Freude an der erlebten und dargestellten Bewegung an sich.

Kinder mit fein- oder grobmotorischen Störungen, mit Hemmungen oder überhöhten Ansprüchen usw. werden über die Bewegung zum kreativen und zeichnerischen Gestalten angeregt. Unmerklich werden ihre motorischen und gestalterischen Fähigkeiten dabei gefördert und sie trauen sich mit der Zeit immer mehr zu: Sie fangen an, großzügiger und mutiger mit Farben und Formen zu experimentieren und bauen ihre selbstständig gewonnenen Erfahrungen weiter aus.

Mit „Feuerschwänzen" in die Luft zeichnen

Als Vorübung und Lockerung der Handgelenke und Arme können die Kinder „Feuer-schwänze" basteln und mit diesen durch die Luft schwingen. Geben Sie dazu auch einige Aufgaben wie Achten, Kreise, Schlaufen und Wellen in verschiedene Richtungen schwin-gen. Wählen Sie eventuell unterschiedliche Musikbeispiele aus: rhythmische, tänzerische, anregende oder beruhigende Musik, von der sich die Kinder während des Schwingens leiten lassen können. Lassen Sie die Kinder versuchen zu beschreiben, wie die einzelnen Musikbeispiele ihre jeweilige Stimmung beeinflusst und die Schwünge verändert.

Bunte Bänder oder farbige Krepppapierstreifen, Holzstäbchen, Tacker oder sehr festes Klebeband, evtl. CD-Spieler und CDs

ANLEITUNG

Es können mehrere, verschiedenfarbige Bänder oder aber auch nur ein, etwas schwereres, farbiges Band an einem Ende des Holzstäbchens befestigt werden.

DURCHFÜHRUNG

Sind die Bänder am Stäbchen befestigt, probieren die Kinder ihre „Feuerschwänze" aus. Später können Sie ihnen spezielle Aufgaben bzw. Schwungfiguren stellen (s.o.).

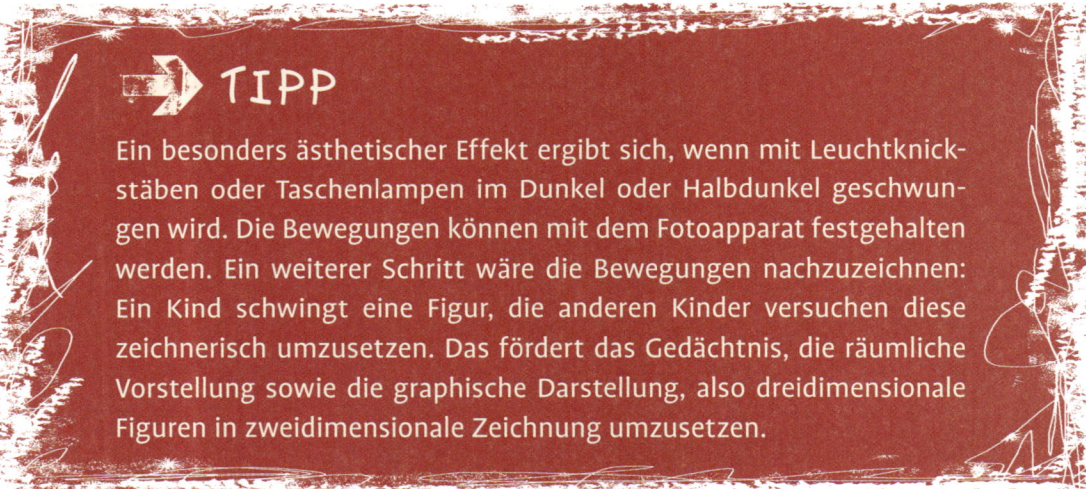

TIPP

Ein besonders ästhetischer Effekt ergibt sich, wenn mit Leuchtknickstäben oder Taschenlampen im Dunkel oder Halbdunkel geschwungen wird. Die Bewegungen können mit dem Fotoapparat festgehalten werden. Ein weiterer Schritt wäre die Bewegungen nachzuzeichnen: Ein Kind schwingt eine Figur, die anderen Kinder versuchen diese zeichnerisch umzusetzen. Das fördert das Gedächtnis, die räumliche Vorstellung sowie die graphische Darstellung, also dreidimensionale Figuren in zweidimensionale Zeichnung umzusetzen.

Zeichnen in Bewegung

Zum Einstieg in das „schwungvolle" Zeichnen eignet sich eine Übung, die nicht nur auf die Auge-Hand- und Hand-Hand-Koordination zielt, sondern ganzen Körpereinsatz fordert. Eine wichtige Rolle spielen auch die verschiedenen Richtungen: nach innen und außen, nach links und rechts. Die Bewegung kann auch nach oben über dem Kopf oder nach unten gebeugt ausgeführt werden. Die eher intuitive Durchführung dieser Richtungswechsel vertieft das Bewusstsein für die Orientierung auf dem Blatt wie auch im Raum. Machen Sie den Kindern deutlich, dass es hier auch nicht um das „Gelingen" eines Endprodukts geht, sondern um den Weg dorthin, um Freude an Bewegungen, Linien und Farben an sich.

MATERIAL

Tische, verschiedenfarbige Buntstifte, Papier, möglichst DIN A3 oder von einer Zeichenpapierrolle, Klebestreifen

DURCHFÜHRUNG

Um einen großen oder um mehrere Tische, die als Tischgruppe im Kreis oder in eine Reihe gestellt sind, werden die äußeren Ränder rundum mit Papier beklebt. Achten Sie darauf, dass um die Tische herum ausreichend Platz vorhanden ist. Nun sucht sich jedes Kind einen andersfarbigen Stift aus und einen Platz am Tischrand, an dem es seinen Stift auf dem Papier ansetzt.

Auf ein bestimmtes Stichwort hin gehen die Kinder hintereinander um den Tisch und zeichnen dabei eine Linie. Sie gehen mal langsamer, mal schneller, mal hopsen sie, mal hüpfen sie auf einem Bein. Sie gehen mal links um die Tischgruppe, mal rechts herum.

Nach und nach bekommen die Kinder neue Aufgaben: in Schlangenlinien zeichnen, Wellenlinien, Zickzack, in Schlaufen abwärts und Schlaufen aufwärts, gepunktet, gestrichelt, mal eng, mal weit. Die jeweiligen neuen Aufgaben werden von Ihnen vergeben, wenn Sie merken, dass sich die Kinder in der jeweiligen Bewegung genügend ausgelebt haben. Wichtig ist, dass die Kinder immer in Bewegung bleiben, also auch während eines Wechsels der Form weitergehen. Schließlich denken sich die Kinder selbst Formen aus. Abschließend betrachten Sie gemeinsam die Zeichnungen. Nachdem diese von den Tischen abgenommen wurden, können einzelne Teile unter den Kindern verteilt oder im Ganzen an eine freie Wand gehängt werden.

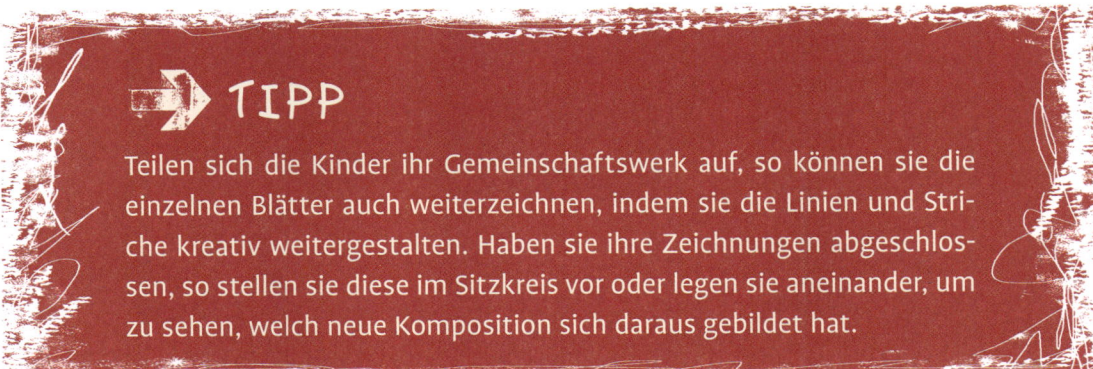

⇨ TIPP

Teilen sich die Kinder ihr Gemeinschaftswerk auf, so können sie die einzelnen Blätter auch weiterzeichnen, indem sie die Linien und Striche kreativ weitergestalten. Haben sie ihre Zeichnungen abgeschlossen, so stellen sie diese im Sitzkreis vor oder legen sie aneinander, um zu sehen, welch neue Komposition sich daraus gebildet hat.

Da sich die Kinder unterschiedlich schnell bewegen, überholen sie sich manchmal. Das erfordert einiges an Geschicklichkeit und Koordination: Beispielsweise krabbelt ein Kind zeichnend unter einem anderen hindurch, oder aber es setzt ab und überholt hintenherum und setzt genau am letzten Punkt wieder an. Es ist zu beobachten, wie die Kinder sich selbst Lösungen überlegen, um ihren Fluss nicht zu unterbrechen.

Beidhändiges Zeichnen

Aufbauend auf das gleichmäßige Zeichnen im Gehen, das auch Bewegung und Atmung reguliert, arbeiten die Kinder nun beidhändig. Kinder im Kindergartenalter haben zum Teil noch ambidexte Eigenschaften, sie können also ohne Mühe beide Hände gleich geschickt benutzen. Im beidhändigen Zeichnen werden beide Gehirnhälften gleichzeitig angeregt. Das führt zu einer höheren Konzentration. Die Atmung wird tiefer und regelmäßiger und das Gehirn wird hervorragend mit Sauerstoff versorgt.

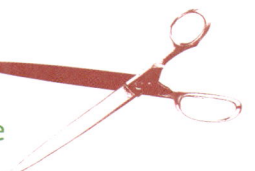

Große Blätter Papier (DIN A3), Bunt- oder Wachsstifte,
eventuell Pinsel und Wassermal- oder Abtönfarben und Gouache

DURCHFÜHRUNG

Jedes Kind legt ein großes Blatt vor sich hin und nimmt in jede Hand einen etwa gleich langen Stift. Nun geben Sie die Richtung der Kreisbewegungen vor: Die Kinder zeichnen mit jeder Hand einen Kreis, sodass zwei Kreise nebeneinander entstehen und sich nicht berühren. Die Kreisbewegung erfolgt z.B. zunächst nach innen. Die rechte Hand kreist also von unten nach rechts außen und von oben nach innen, die linke gleichzeitig von unten nach links außen. Diese Richtung wird der innerlichen Sammlung zugeordnet und dient also eher der Beruhigung. Die entgegen gesetzte Richtung erfolgt von unten nach innen und von oben jeweils nach rechts bzw. links außen, was der Öffnung zugeordnet wird, und eher anregend ist.

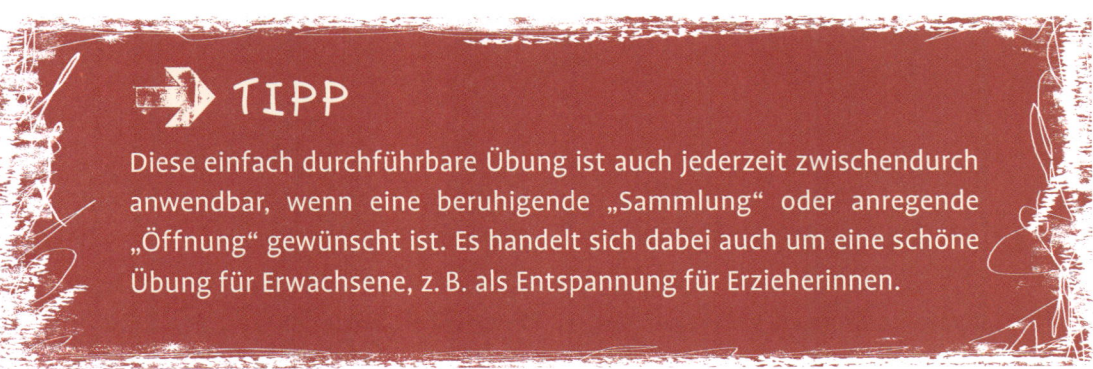

➡ TIPP

Diese einfach durchführbare Übung ist auch jederzeit zwischendurch anwendbar, wenn eine beruhigende „Sammlung" oder anregende „Öffnung" gewünscht ist. Es handelt sich dabei auch um eine schöne Übung für Erwachsene, z. B. als Entspannung für Erzieherinnen.

Anschließend können auf einem neuen Blatt Papier wieder zwei Kreise gezeichnet werden, die sich aber überschneiden. Hier können die Richtungswechsel immer schneller aufeinander folgen, was die Kinder meist sehr zum Lachen anregt.

Ähnlich wie die beidhändig gemalten Kreise können auch Spiralen auf das Papier gebracht werden: von innen nach außen, von außen nach innen, mal links und mal rechts herum.

Zum Abschluss können einige Formen mit Farben ausgemalt werden, die von den Kindern als passend für die Kreis- bzw. Spiralbewegung oder für die Position auf dem Blatt (links, rechts) empfunden werden.

Anregungen aus der Kunst

Am Bauhaus in Weimar (1919–1933) gehörten Schwungübungen zur künstlerischen und gestalterischen Ausbildung selbstverständlich dazu. Künstler wie Paul Klee und Wassily Kandinsky schöpften durch Form- und Farbübungen Kraft und Ideen.

Liegende Achten

Auch bei dieser Aktivität arbeiten beide Gehirnhälften intensiv zusammen. Es werden auf einem großen Papier liegende Achten gezeichnet. Diese probieren die Kinder anfangs jeweils nur mit einer Hand aus, bis sie in einen flüssigen Schwung kommen. Dann wechseln sie die ausführende Hand. Im Gegensatz zu sonstigen kreativen Gestaltungen, darf hier ruhig helfend eingegriffen werden, indem Sie die Hand des Kindes anfangs führen, denn es handelt sich nicht um einen Eingriff in den kreativen Ausdruck des Kindes, sondern um das Erfassen einer komplizierten Bewegung. Diejenigen, die Freude an weiteren schwierigen Schwüngen haben, können auf evtl. zwei aneinander geklebte Blätter gleichzeitig zwei liegende Achten schwingen. Auch hier sind mehrere Richtungswechsel möglich: Beide Hände gleichzeitig rechts herum bzw. beide links herum bewegen. Eine besondere Herausforderung stellen entgegenlaufende Richtungen dar. Diese Umsetzung ist auch für Erwachsene interessant!

Tierbilder gestalten

Anhand von Tierbildern lassen sich einige Bewegungen, die während der Schwungübungen ausgeführt wurden, auf verschiedenste Weise wiederholen und weiter ausbauen. Der Fantasie sind in einem solchen „Zoo" der Oberflächen keine Grenzen gesetzt. Ob Kringel, Spiralen, Wellen oder Sechsecke, es können vielfältige Formen und Figuren als Fell, Stacheln, Flecken oder Panzer gestaltet werden. Als Beispiele kommen unterschiedlichste Tierarten in Betracht: Dinosaurier, Echsen, Fische, Schafe, Schildkröten, Schnecken mit Häusern, Schlangen, Vögel, usw.

MATERIAL

Große Blätter Papier (DIN A3), evtl. Kopiervorlagen von Tieren, Bunt- oder Wachsstifte, eventuell Pinsel und Wassermal- oder Abtönfarben, verschiedene Papiere (Bonbonpapiere, Geschenkpapier, Tapeten, usw.), Klebstoff, Scheren

Geht es um die Gestaltung der Oberflächen von Tieren, bietet es sich an, mit schlicht vorgezeichneten Tieren als Vorlage anzufangen. Auf diese Weise können sich die Kinder ausschließlich den „Körper füllenden" Tätigkeiten widmen und werden nicht vom Problem der Darstellung eines Tieres (siehe Abbildung) an sich abgelenkt. Denn die Aufgabenstellung besteht auch hier nicht im Gelingen eines möglichst mit der Wirklichkeit übereinstimmenden Objekts, sondern in der freien Entwicklung von Mustern, Formen und Figuren.

Folgt diese Aufgabe den oben beschriebenen Schwungübungen, eignet sich beispielsweise als Einstieg das Bild eines Schafs. Die Andeutung von Kopf und Füßen als Vorlage reicht schon aus. Die Kinder überlegen sich, wie sie den Schafskörper gestalten. Manche setzen die vorher geschwungenen Schlaufen ein, andere zeichnen Kreise oder Kringel.

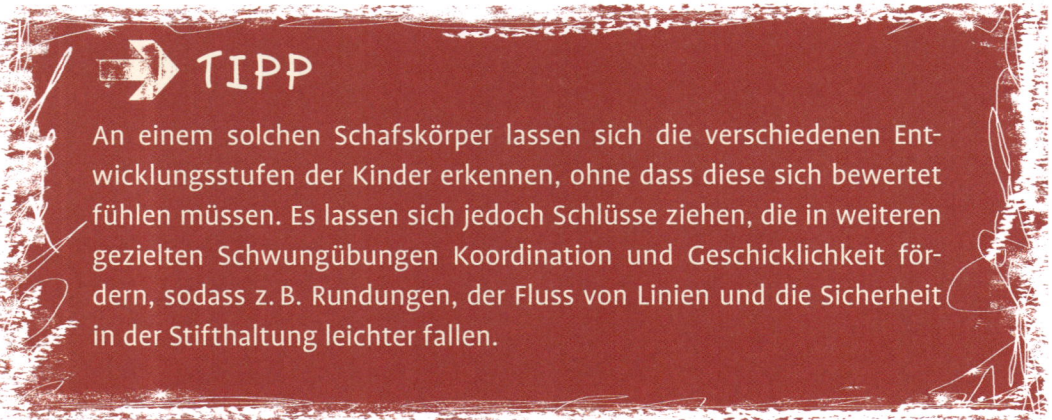

TIPP

An einem solchen Schafskörper lassen sich die verschiedenen Entwicklungsstufen der Kinder erkennen, ohne dass diese sich bewertet fühlen müssen. Es lassen sich jedoch Schlüsse ziehen, die in weiteren gezielten Schwungübungen Koordination und Geschicklichkeit fördern, sodass z. B. Rundungen, der Fluss von Linien und die Sicherheit in der Stifthaltung leichter fallen.

Beispiel aus der Praxis

Bei der Darstellung einer Schildkröte machte sich eine Fünfjährige Gedanken über die Gestaltung des Panzers: Zunächst zeichnete sie einzelne Quadrate auf den Panzer, dann entwickelte sie nach einiger Zeit eine Idee, die mühsame Arbeit zu vereinfachen, indem sie horizontale und vertikale Linien übereinander zog. Damit war sie schon sehr zufrieden, fand aber das Muster einer echten Schildkröte abwechslungsreicher. Aus einer Sammlung von Papieren suchte sie sich eines mit kleinen bunten Ringen heraus. Das Besondere an diesem Papier war seine Transparenz: Aufgelegt auf den Panzer sah man das darunter gezeichnete „Raster", also die Aufteilung des Panzers, durchschimmern. Geschmückt wurde das Ganze mit farbigen Ringen (siehe Abbildung). Das Mädchen schnitt das Papier in die ungefähre Form des Panzers zurecht und klebte es auf. Ein anderes Kind beobachtete die Entstehung der Schildkröte und übertrug die Gestaltungsidee von leuchtenden Farben und runden Formen auf das Bild ihrer Echse: mit brillanten Farben malte sie Füße und Beine an, verteilte bunte Kringel über den ganzen Rücken der Echse und schnitt einige Ringe aus dem transparenten Papier aus. Diese klebte sie nicht auf den Echsenkörper, sondern um diesen herum. Es stellte die Umgebung der Echse dar, in der sie wohnte.

Anregungen aus der Kunst

In der bildenden Kunst lassen sich Beispiele finden, bei denen die Gestaltung von Fellen, Schuppen, Panzern usw. auf Kindergartenkinder sehr anregend wirken, ohne sie in ihrer gestalterischen Entwicklung zu hemmen. Bildbeispiele dazu sind Albrecht Dürers Hase und Rhinozeros, Franz Marcs Pferde oder Paul Klees Fische.

Modellieren einer Murmelbahn

Schwünge und Wellen können auch plastisch als Hügel und Bahnen gestaltet werden. Ein einfach herzustellendes Material, mit dem dreidimensionale Objekte geformt werden können, ist das gewöhnliche Pappmaché. Es eignet sich besonders für die Arbeit mit Kindern, da sie von Beginn an am Anfertigen des ursprünglichen Materials beteiligt sind. Außerdem ist Pappmaché leicht formbar und vielseitig einsetzbar, es lässt sich gut bemalen und es ist lange haltbar. Eine Hügellandschaft mit interessanten Bahnen wird schließlich zu einer amüsanten Murmelbahn. Diese kann als längeres Projekt und auch als Gemeinschaftsarbeit geplant werden. Der Entstehungsprozess beinhaltet neben kreativer Gestaltung vielfältige Aspekte der Förderung: taktile, optische sowie vestibuläre Wahrnehmung, Auge-Hand-Koordination, Grob- und Feinmotorik.

Papierschnipsel (z. B. aus Zeitungspapier), Kleister, Wasser, Mullbinden oder Netzstoff, Maschendraht, Pappen, bzw. Spanplatten, ca. 40 x 25 cm; für die farbige Gestaltung: Plakafarbe oder Ähnliches, Klarlack als Fixierung

DURCHFÜHRUNG

Durch Zerreißen von Papieren, die von den Kindern vorher gesammelt wurden (es können auch Seiden-, Krepp-, Geschenk- und andere farbige Papiere sein), entsteht die Grundmasse für Pappmaché. Die Papierschnipsel werden mit Wasser und Kleister angerührt bis eine formbare Masse entsteht. Sie kann eine Weile in einer Plastiktüte oder einem gut schließenden Behälter wie einem Tupper im Kühlschrank aufbewahrt werden (3–4 Tage).

Über eine Platte aus Pappe (bei größeren Formaten kann auch eine Spanplatte benutzt werden) wird Maschendraht gespannt. Er wird reichlich größer als die Platte zugeschnitten. Das Stück sollte an den Rändern der Platte umgeklappt werden, sodass sich die beschnittenen, scharfen Maschendrahtränder unter der Platte befinden, da sonst während der Arbeit Verletzungsgefahr besteht. Sie können dann mit starkem Klebeband abgedeckt werden.

Der Maschendraht wird so locker gespannt, dass er schon auf der Platte in Form gebracht werden kann, also Hügel und Täler andeutet. Auf diese Weise müssen später die Hügel nicht komplett mit Pappmaché gefüllt sein, was eine große Arbeitserleichterung bedeutet. Überdies wird so das Gewicht der Murmelbahn nicht zu groß.

Sind Hügel, Täler und Straßen mit dem Draht in Form gebracht, so können sie zur besseren Bearbeitung mit Mullbinde oder Netzstoff bedeckt werden. Auf diese wird nun die Pappmachémasse aufgetragen und glatt gestrichen. Ist die Masse getrocknet, so kann sie mit Farbe und Pinsel bunt bemalt werden. Abschließend, wenn auch die Farben getrocknet sind, wird die ganze Landschaft mit Lack fixiert.

Das Ergebnis kann nun als Murmelbahn genutzt werden. Es ist hilfreich, zwischen den Trockenzeiten der Pappmaché-Masse schon Murmeln auszuprobieren, denn so können die Bahnen Schicht für Schicht korrigiert und verbessert werden.

Haben die Platten eine Größe, die von einem Kind mit beiden Händen gehalten werden kann, so bietet die Murmelbahn eine weitere Herausforderung: Die Murmel wird in Schwung gebracht und durch die Bahnen gelenkt, indem das Kind die Platte auf und ab, hin und her bewegt. Dies erhöht die Geschicklichkeit und fördert den feinmotorischen Gleichgewichtssinn.

Eine Murmelbahn aus Papier herstellen

Eine weitere Idee für eine Murmelbahn greift die Förderung der Finger- und Hand-geschicklichkeit auf. Sie ist mit wenig Materialaufwand herzustellen, macht aber als Geschicklichkeitsspiel einiges her.

MATERIAL

Festes Papier (DIN A4), Pappdeckel eines Schuhkartons oder Ähnliches, Klebstoff und Klebeband, Schere, evtl. Papierschneidemaschine

Ein Kartondeckel dient als Untergrund für die Papiermurmelbahn. Nun werden aus festem Papier oder Karton „Wände" gestaltet. Dafür werden die Papiere in ca. 3–4 cm breite Streifen geschnitten (dies kann auch mit der Papierschneidemaschine vorbereitet werden). Nun werden sie senkrecht auf den Innendeckel gesetzt, d.h. entweder fest hineingeklemmt oder die Papierstreifen werden unten leicht eingeschnitten, sodass sie auf den Deckelrand gesetzt werden und fest sitzen (siehe Abbildung).

Nach und nach werden kreuz und quer immer mehr Papierwände in den Deckel gesetzt. Finden die Kinder, dass genügend Wände für ein solches Murmel-Labyrinth vorhanden sind, so entscheiden sie, wo die Türen entstehen sollen, durch die ihre Murmeln später rollen. Die Stellen für die Türen zeichnen sie mit einem Stift ein (dafür reicht ein kleines Zeichen).

Ist ihnen der zukünftige Lauf der Murmeln einigermaßen klar, so bauen sie das Geflecht der Bahn wieder auseinander; wenn möglich wird nur eine Bahn nach der anderen einzeln abgebaut. In diese wird an die bezeichnete Stelle eine kleine Tür geschnitten, sodass eine Murmel hindurchpasst. Bei diesen Tätigkeiten benötigen die Kinder eventuell die Hilfe der Erzieherinnen. Die Papierstreifen können aber, falls nötig, auch immer mit transparenten Klebestreifen repariert werden.

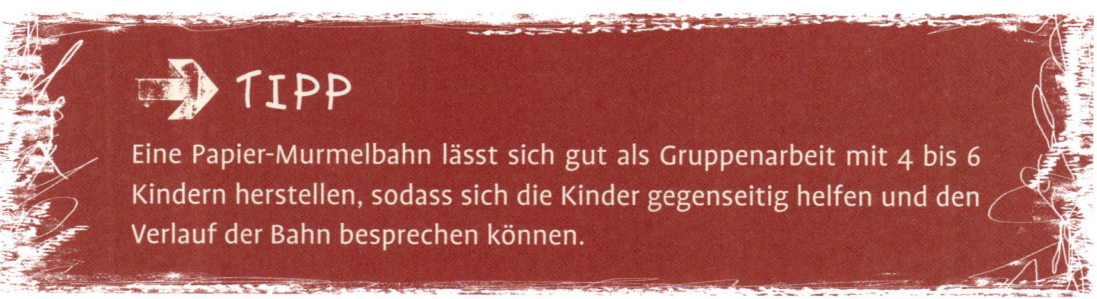

➔ TIPP

Eine Papier-Murmelbahn lässt sich gut als Gruppenarbeit mit 4 bis 6 Kindern herstellen, sodass sich die Kinder gegenseitig helfen und den Verlauf der Bahn besprechen können.

Malen von der Hängematte aus

Schaukeln und Gleichgewichtssinn hängen sehr eng zusammen. Die vestibuläre Wahrnehmung wird durch das Schaukeln gefördert und beispielsweise in der Ergotherapie eingesetzt. Was, wenn sich hier sowohl Auge-Hand-Koordination wie auch ein kreativer Aspekt mit einbeziehen lassen?

Papier: Große Blätter oder von der Rolle, Klebeband, Hängematte oder Schaukel, eventuell ein Kissen, viel Platz, dicke, weiche Bunt- oder Wachsstifte, eventuell dicke, breite Pinsel, vorzugsweise ungiftige Fingerfarben, alte Suppenteller

DURCHFÜHRUNG

Unter einer Schaukel oder Hängematte wird eine große Fläche mit Zeichenpapier ausgelegt und mit Klebeband am Fußboden befestigt. Ein Kind hängt sich bäuchlings über eine Schaukel (mit einem Kissen als weiche Unterlage) oder über eine Hängematte. So hat es vorne die Arme frei zum Malen und hinten die Füße frei zum Steuern und Schwung nehmen. Es nimmt einen großen, weich malenden Stift in eine oder in beide Hände und schaukelt über der mit Zeichenpapier bedeckten Fläche hin und her. Hat es sich eingeschaukelt und auf seiner Zeichenunterlage orientiert, fängt es an, frei Schwünge zu zeichnen.

Später können einige schwierigere Aufgaben hinzukommen, wie z.B. mit dem Pinsel zu malen: Das bedeutet, dass ein dicker, breiter Pinsel schaukelnd in Fingerfarbe (z.B. auf einem alten Teller) getaucht werden muss, um mit ihm zu hantieren. Dafür lässt es sich mit dem Pinsel noch schwunghafter im Rhythmus der Schaukelbewegung malen. Wegen der frischen Farbe auf dem Untergrund, bietet es sich an, mit nackten Füßen zu schwingen (siehe Abbildung).

Eine weitere Aufgabe besteht darin, dass ein oder mehrere Kinder auf der Zeichenfläche am Boden Punkte oder kleine Kreise verteilen, die vom schaukelnden Kind verbunden werden müssen. Hierzu eignet sich eine Hängematte besser als eine Schaukel, da sie flexibler in alle Richtungen bewegt werden kann.

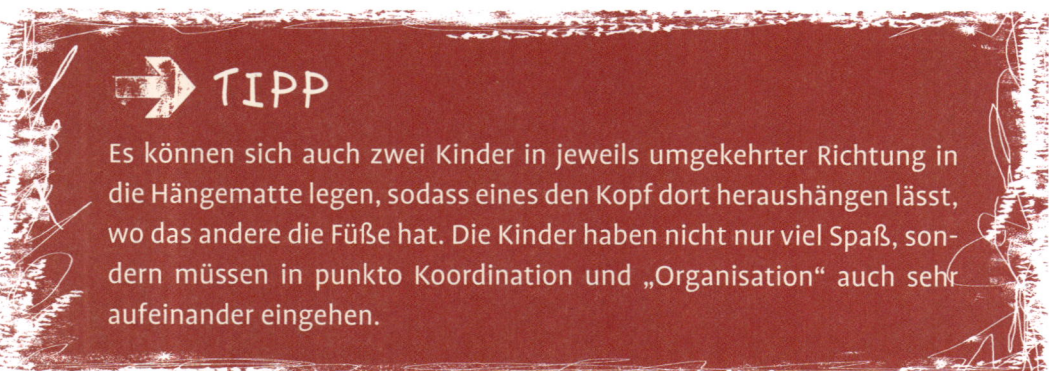

TIPP

Es können sich auch zwei Kinder in jeweils umgekehrter Richtung in die Hängematte legen, sodass eines den Kopf dort heraushängen lässt, wo das andere die Füße hat. Die Kinder haben nicht nur viel Spaß, sondern müssen in punkto Koordination und „Organisation" auch sehr aufeinander eingehen.

Wo ist eigentlich die Mitte?

 Eckpunkte verbinden, um die Blattmitte zu ermitteln

 Die Mitte eines Blattes finden: Falten und Zeichnen

 Punkte verbinden

 Von der Mitte aus Zeichnungen ergänzen

 Schwungvoll Achten malen

Förderung von Wahrnehmung, Konzentration und Auge-Hand-Koordination

Da sich die visuelle Wahrnehmung maßgeblich im Alter zwischen drei und sieben Jahren entwickelt, ist es besonders wichtig, schon im Kindergarten etwaige Wahrnehmungsstörungen zu erkennen und die Sinneswahrnehmung gezielt zu fördern, die nicht nur in der Schule stark gefordert ist. Das Erkennen von räumlichen Beziehungen zueinander gehört genauso zur Lernentwicklung des Kindes wie das Erkennen von (zweidimensionalen) Bildzusammenhängen. Beides wird durch aktive Beteiligung der Wahrnehmenden in besonderem Maße gefördert.

Die folgenden visuellen Übungen bilden nicht nur Zielgenauigkeit, Auge-Hand-Koordination und Konzentration aus, sondern ermutigen Kinder auch, sich zeichnerisch einzubringen. Die Aktivitäten können gut mit einer größeren Kindergruppe durchgeführt werden. Die Kinder beobachten und unterstützen sich dabei gegenseitig. Sie geben Anregungen und nehmen Anreize auf. Auf diese Weise müssen sie versuchen, eine Balance zu finden – sich auf ihre eigenen Handlungen konzentrieren, aber zeitweise auch die Entwicklung, die in der Gruppe stattfindet, verfolgen.

Eckpunkte verbinden, um die Blattmitte zu ermitteln

MATERIAL
Papier und Stifte

Kinder, die Hemmungen oder Angst vor dem Zeichnen haben, weil sie meinen, nicht gut genug zu zeichnen, können durch unterschiedlichste Anregungen ermutigt werden. Sie können zum Beispiel durch einfache Hilfestellungen zu interessanten Bildaufteilungen kommen, ohne dass ihre Fantasie beeinträchtigt wird: Es werden ihnen Anhaltspunkte auf dem Blatt nahegelegt, wie z.B. die Mitte eines Blattes, geometrische Formen wie Viereck, Kreis, Punkte oder Eckpunkte, die verbunden werden können. Über Eckpunkte können die Kinder auch versuchen, die Mitte eine Blattes zu ermitteln.

Gezielt Punkte zu setzen und schließlich zu verbinden, bereitet Kindergartenkindern großen Spaß. Die Übungen dazu können aufeinander aufgebaut und immer

kniffliger werden, falls die Kinder bereit dazu sind. Sie können auch zu verschiedenen Zeitpunkten wieder aufgenommen und weiterentwickelt werden. Es kann an Tischen, aber auch auf dem Fußboden gearbeitet werden.

DURCHFÜHRUNG

Zu Beginn setzen die Kinder jeweils einen Punkt in jede Ecke des Blattes. Die diagonal gegenüberliegenden Punkte werden jeweils miteinander verbunden, sodass sich die beiden Diagonalen in der Mitte kreuzen. Dies stellt aber nicht gleich die genaue sondern nur eine ungefähre Mitte des Blattes dar (siehe Abbildung auf S. 31). Die Kinder vergleichen nun ihre Ergebnisse untereinander und diskutieren, wie nah sie der Mitte gekommen sind. Wie ließe sich der Mitte noch näher kommen? Ist es möglich diese genau zu ermitteln?

BEOBACHTUNG

Es ist interessant zu beobachten, wie verschieden ihre Herangehensweisen bei einer solch schlichten Übung sind, gerade wenn es sich um größere Blattformate wie DIN A3 handelt. Manche drehen das Blatt schwungvoll, andere beugen sich von Ecke zu Ecke, andere bewegen sich um das Blatt herum.

Es ist wichtig, den Kindern die nötige Zeit für ihre Vergleiche, Gespräche und Versuche zu lassen. Verlieren sie langsam die Geduld oder das Interesse, so kann mit der nächsten Übung, dem Falten, begonnen werden.

Die Mitte eines Blattes finden: Falten und Zeichnen

Das Falten von Papier fördert sowohl die Feinmotorik als auch die Auge-Hand-Koordination. Fingergeschicklichkeit und Koordination beider Hände werden weiterentwickelt, indem nur durch die durchdachte Koordination genaue Faltergebnisse erzielt werden. Die verbalen Angaben der Erwachsenen müssen verstanden und umgesetzt werden – in eine bestimmte Bewegung, in eine vorgegebene Richtung. Es entstehen Objekte, bei denen man ganz ohne Schneiden und Kleben auskommt.

Auch hier können die Kinder am Tisch oder auf dem Fußboden arbeiten.

Rechteckige oder quadratische Papiere, Blei- oder Buntstift, evtl. Wachskreiden, Gouache oder Wassermalfarben

In der frühen kindlichen Entwicklung spielt die Findung der Mitte schon eine große Rolle. So wie die Phase eines Kleinkinds, in der es immer wieder versucht seine Nase zu ertasten, ein wichtiger Schritt für die Identitätsfindung bedeutet, so interessieren sich Kindergartenkinder verstärkt für die Mitte eines Raumes, eines Platzes oder eines Kreises. In Tanz- und Ringelreihe-Spielen wird oft ein Kind in die Mitte gestellt, bei Konstruktionen mit Bauklötzen spielt auch immer wieder die Mitte eine entscheidende Rolle, und auch bei der Gestaltung eines Bildes tauchen neugierige Fragen rund um die Mitte auf.

Als Einstieg zu den folgenden Übungen eignet sich besonders das freie Falten eines Blattes, ohne dass es hierzu eine vorgegebene Anleitung zu einem bestimmten Ergebnis gibt. Es baut Hemmungen vor genaueren Faltvorgängen ab und lässt kreativen Experimenten Raum. Die Kinder sehen sich ihre Faltobjekte an, vergleichen sie

DIE MITTE EINES BLATTES FINDEN: FALTEN UND ZEICHNEN

miteinander, werden oft zum Lachen angeregt und gewinnen Lust an dieser Form, mit Papier zu arbeiten. Die gefalteten Blätter können später zeichnerisch ergänzt oder farbig mit Wachskreiden oder Wassermalfarben bemalt werden, so dass beispielsweise ungewöhnliche Tischdekorationen entstehen, die an Blüten, Früchte oder Tiere erinnern.

DURCHFÜHRUNG

Durch gezieltes Falten eines Blattes kann aber auch die genaue Mitte eines Blattes ermittelt werden. Dazu wird die eine Seite des Blattes an beiden Ecken gefasst und zu den gegenüberliegenden Ecken geführt, sodass das Blatt zur Hälfte gefaltet ist (siehe Abbildung auf S. 33).

Nun kann das Blatt wiederum zur Hälfte gefaltet werden, indem wieder zwei nebeneinander liegende Ecken auf die gegenüberliegenden gebracht werden. Die entstandenen Knicke werden jedes Mal glatt gestrichen. Wird das Blatt nun wieder ganz entfaltet, bilden die überkreuzten Faltlinien die Mitte des Blattes.

Die Faltlinien können nun auch nachgezeichnet werden, sodass der Papierbogen in vier gleiche Teile gegliedert ist. Viele Kinder bringt schon die Aufteilung auf neue Ideen, das Blatt zu gestalten. So denken sie an eine Bildergeschichte, an Comics oder an geometrische Muster.

Wird der Faltvorgang jedoch weiter fortgesetzt, indem das Blatt immer wieder um die Hälfte kleiner gefaltet wird, so entsteht in der Mitte ein Stern aus den Knickstellen, der viele Kinder zum Malen und Zeichnen anregt. Auf den folgenden Seiten werden einige Möglichkeiten der Weiterentwicklung von Ideen vorgestellt.

Punkte verbinden

Aus den vorhergegangenen Aktivitäten lassen sich weitere entwickeln, die Auge-Hand-Koordination und Zielgenauigkeit fördern sowie die Fähigkeit unterstützen, ein leeres Blatt aufzuteilen und sich darauf zurechtzufinden. Die Übungen kommen sowohl der Entwicklung von Fantasie wie der Kreativität der Kinder entgegen. Die Raumaufteilung auf einem Blatt Papier einschätzen zu können, ist auch für das spätere Erfassen schriftlicher Aufgabenblätter in der Schule von Bedeutung. In der Mathematik ist der Umgang mit Raum und Flächenaufteilung wichtig.

Im Sitzkreis, am Tisch oder in der Gruppe fördern diese gemeinsamen Übungen auch die soziale Kompetenz der Kinder. Sie erfahren, dass mit sehr einfachen Mitteln ganz unterschiedliche Ergebnisse zu erzielen sind und dass jedes Ergebnis einen Erfolg darstellt, ob er nun mit oder ohne Hilfestellung entstanden ist. Sie werden dazu motiviert, ihrer Fantasie freien Lauf zu lassen und lernen, dass kreatives Gestalten nicht bedeuten muss, etwas Gegenständliches, für alle schnell Erkennbares zu sein.

MATERIAL

Papier (DIN A4 oder DIN A3), Stifte

DURCHFÜHRUNG

Zum Einstieg bereiten die Erzieherinnen Papiere vor, indem sie auf dem Blatt verteilt Punkte setzen. Diese können erst einmal sehr eng beieinander liegen und eine bestimmte Form oder einen Gegenstand darstellen (zur Hilfe lassen sich hier fertige Bilder bzw. Darstellungen von Gegenständen, Tieren, Blumen usw. durchpausen, z.B. mit der Vorlage und einem Papier darauf an der Fensterscheibe). Wichtig hierbei ist, dass die Punkte so verteilt sind, dass sie von sich aus zu einer bestimmten Verbindung anregen (diejenigen Punkte, die zu verbinden sind, in sehr kleinen Abständen). Im Internet gibt es auf zahlreichen Kinderseiten Bilder (meist Zahlenbilder) als Anregung, beispielsweise unter: www.kigo-tipps.de oder www.malvorlagen-bilder.de/zahlenbilder.html.

Als zweiten Schritt, der auf den ersten direkt aufbaut, setzen die Erzieherinnen im Beisein der Kinder Punkte, die diese auf ihr Papier zu übertragen versuchen. Dabei übt sich ihre Blattaufteilung und das Einschätzen von Richtungen wie links, rechts, oben und unten. Nachdem sie die Punkte verbunden haben, sehen sie sich wieder ihre Ergebnisse an und zeigen sie sich gegenseitig. Vielleicht haben einige Kinder Lust, den anderen „Punkt-Vorgaben" zu machen.

Bei der Umsetzung solcher Punktbilder ist wichtig, dass die Erzieherinnen selbst an einer Blatt-Gestaltung teilnehmen. Während sie die Angaben zu den zu setzenden Punkten geben, tragen sie auf ihrem eigenen Papier die Punkte ein, sodass Kinder, die mit dem verbalen Verständnis Schwierigkeiten haben, mit den Augen die Punktsetzung verfolgen und auf ihr Blatt übertragen können.

Als Weiterführung setzen die Kinder schließlich selbst Punkte, die sie später gerne verbinden möchten. Dazu können sie sich als Hilfsmaterial Schablonen suchen. Sie setzen die Punkte um Gegenstände herum; beispielsweise um Tassen, gepresste Blätter, Bauklötze, Puzzleteile usw.

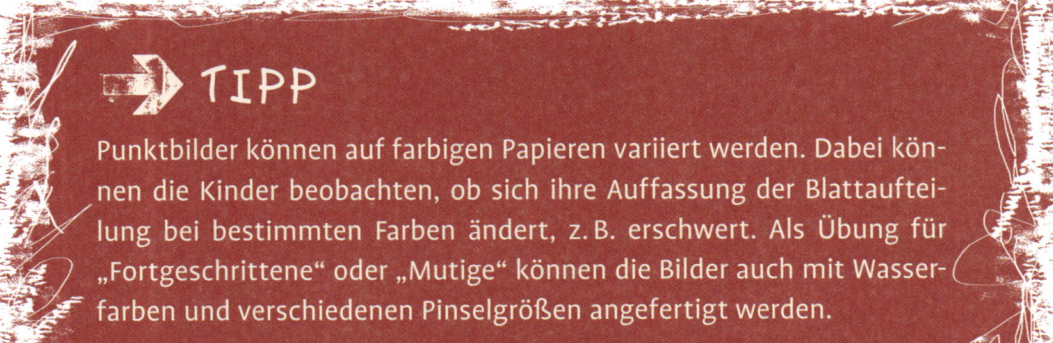

➡ TIPP

Punktbilder können auf farbigen Papieren variiert werden. Dabei können die Kinder beobachten, ob sich ihre Auffassung der Blattaufteilung bei bestimmten Farben ändert, z. B. erschwert. Als Übung für „Fortgeschrittene" oder „Mutige" können die Bilder auch mit Wasserfarben und verschiedenen Pinselgrößen angefertigt werden.

Die selbst gesetzten Punkte der Kinder können sie nach einiger Erfahrung schließlich untereinander austauschen, sodass sie die Punktbilder der anderen verbinden. Stellt sich nach einer Weile Müdigkeit ein, so legen sie ihre Ergebnisse aus und besprechen gemeinsam, was sie in den entstandenen Formen erkennen können.

BEOBACHTUNG

Die Kinder verbinden nicht die eigenen Punkte, sondern die anderer Kinder. Daher kommt es zu ganz überraschenden Ergebnissen, die sich zum Abschluss alle gemeinsam ansehen können.

Bei diesen individuellen Interpretationen gibt es kein „falsch" oder „richtig". Es ist wichtig, dies den Kindern immer wieder klar zu machen, um sie in ihren Versuchen zu stärken und zu motivieren. Gerade bei dieser freien Punktsetzung handelt es sich um Experimente, bei denen es keine vorgegebenen Lösungen geben darf. Bei den vorgegebenen Punktbildern dagegen geht es für die Erzieherinnen darum, zu beobachten, inwieweit sich die Kinder konzentrieren können oder ob eventuell Wahrnehmungsstörungen zu erkennen sind, die mit weiteren Aktivitäten hinterfragt werden sollten.

Buchtipp

Zur Überprüfung eventueller Wahrnehmungsstörungen haben die Autorinnen U. Blucha und M. Schuler in ihrem Band „Fühlen, hören, sehen. Förderideen für Kinder mit taktilen, auditiven und visuellen Wahrnehmungsstörungen" zahlreiche Anregungen und auch einen Fragebogen für Erzieherinnen und Eltern entwickelt.

Als weitere Anregung arbeiten die Kinder mit unterschiedlichen Bildern aus Zeitungen oder Zeitschriften. Sie setzen wieder Punkte auf Zeitungsausschnitte, verbinden und bemalen sie. Daraus können sehr lustige Bilder entstehen, über die die Kinder

viel lachen. Sie können sich auch gegenseitig Aufgaben stellen und z.B. fragen: „Wie viele Gesichter siehst du in meinem Bild?" oder „Wie viele Tiere kannst du hier erkennen?"

Auf diese Weise entstehen Suchbilder mit Köpfen aus Zeitschriften oder Zeitungen, die „umpünktelt" und umrandet werden. Es können weitere Köpfe dazu gezeichnet werden, die andere Kinder schließlich suchen und zählen. Von diesen zeichnerischen Aktivitäten aus entwickeln sich die nächsten, noch freieren Gestaltungen.

Von der Mitte aus Zeichnungen ergänzen

Bei den Zeichnungen von der Blattmitte aus geht es um eine gezielte Förderung der Auge-Hand-Koordination und um die Entwicklung von Fantasie. Die Vorlagen von Erzieherinnen bieten jenen Kindern Hilfe, denen „nicht gleich etwas einfällt". Hier ist der Blattaufteilung ein Orientierungspunkt gegeben, von dem aus es einfacher ist, sein individuelles Bild weiterzuführen.

MATERIAL

Papier (DIN A4 oder DIN A3), Blei- oder Buntstifte, eventuell Vorlagen

DURCHFÜHRUNG

Im gemeinsamen Entwerfen eines Bildes, das zentriert beginnt und sich langsam nach außen entwickelt, suchen sich die Kinder ihren Platz auf dem Papier und koordinieren ihre zeichnerischen Aktivitäten mit ihren Nachbarn links und rechts von sich. Das bedeutet, dass sie gleichzeitig zur Raumaufteilung auf dem Bild auch auf den zur Verfügung stehenden Raum zwischen zwei Kindern achten müssen.

In den folgenden Zeichnungen widmen sich die Kinder noch einmal der Mitte des Blattes. Hier geht es nicht um die genaue Mitte, sondern um deren freie Gestaltung. Zur Anregung geben die Erzieherinnen eventuell einige Themen vor oder benutzen Vorlagen, bei denen der Anfang einer Zeichnung in der Papiermitte liegt.

Es kann sich beispielsweise um einen Kraken handeln, dessen Körper in der Mitte des Papiers sitzt. Die Kinder zeichnen nun Krakenarme rund um den Körper herum. Sie können lang und verschlungen bis zu den Blatträndern reichen. Auch hier ist es für zögerliche Kinder motivierend, wenn Erzieherinnen schwungvoll ein eigenes Krakenbild zeichnen. Sie können hierbei aufzeigen, dass die Bewegung des Stiftes und

die Fantasie dabei im Vordergrund stehen, und nicht, ob das Ergebnis hinterher auch einem wirklichen Kraken ähnelt. Bei diesen Gestaltungen können den Kindern auch farbige Papiere als Untergrund gegeben werden.

Vertiefung

Es sollte aber auch möglich sein, dass Kinder, die sich für das Aussehen eines Kraken interessieren, sich Abbildungen von diesen Tieren ansehen und sie studieren können. Dies ist der Fantasie nicht abträglich. Es kommt einfach der unterschiedlichen Herangehensweise der Kinder entgegen, die mal naturwissenschaftlich forschend, wirklichkeitsgetreu und detailverliebt sind, mal ihre eigenen, auch ungewöhnlichen Ideen verfolgen möchten.

Schließlich können die Zwischenräume der Krakenarme gestaltet werden. Die Kinder denken sich dazu etwas aus, was sie als passend empfinden. Vielleicht denken sie an weitere Meerestiere oder -pflanzen oder sie möchten ihr Bild farbig gestalten. Wer des Zeichnens müde ist, kann auch Bilder aus Zeitschriften ausschneiden und in die Zwischenräume kleben.

→ **TIPP**

Weitere Motive, die sich für zentriert gesetzte Zeichnungen eignen, die sich schließlich über das ganze Blatt ausbreiten, sind Fantasie-Blumen, Schneckenhäuser, Dschungel- und Schlingpflanzen, Ornamente und Muster (hier kann man sich auch an Mandalas oder runden Kirchenfenstern orientieren), ein Tierpark, der mit einem Gehege in der Mitte beginnt und von dem sich Spazierwege ausbreiten, ein Kettenkarussell oder ein rundes Blumenbeet.

Eine andere, weiterführende Aktivität kann gemeinsam in kleinen Gruppen durchgeführt werden. Auf einem sehr großen Blatt oder mehreren aneinander geklebten Papieren zeichnet immer eine Gruppe von Kindern gemeinsam an einem Bild. Die Kinder einigen sich erst auf ein Motiv in der Mitte, suchen sich darum ein Plätzchen und erweitern die Zeichnung. Hierfür eignet sich besonders das Arbeiten auf dem Fußboden. Dann können die Kinder auch mehrmals die Plätze miteinander tauschen und die Zeichnungen der anderen ergänzen. Es kann eine bestimmte Zeitspanne ausgemacht werden, nach der die Kinder im Uhrzeigersinn die Plätze tauschen.

Die Größe der Gruppe richtet sich nach der Papiergröße. Es muss nur darauf geachtet werden, dass jedes Kind genügend Bewegungsfreiheit und Platz zum Zeichnen hat. Durch das gemeinsame Arbeiten regen sich die Kinder an, lernen, aufeinander einzugehen und ein Bild auch einmal als ein Gemeinschaftswerk zu betrachten. Sie sind aufgefordert, auf die Ideen der anderen einzugehen und haben gleichzeitig die Möglichkeit, ihre eigenen Ideen einzubringen.

Es ist auch möglich, die beschriebenen Tätigkeiten in einer anderen Technik anzubieten. Dazu eignen sich Pinsel und Wasserfarben. Das Malen mit dem Pinsel stellt andere Herausforderungen als das Zeichnen mit einem Stift. Mit dem Pinsel kann nicht so kleinteilig und detailliert gezeichnet werden, er liegt aber mit einer gewissen Lockerheit in der Hand. So fällt z.B. Kindern mit einem schwachen Muskeltonus das Malen mit dem Pinsel viel leichter. Die Farben fließen aus ihm hinaus, ohne dass aufgedrückt werden muss.

Fragen an die Kinder

Was für einen Unterschied empfindest du zwischen Zeichnen mit einem Stift und Malen mit einem Pinsel? Womit geht es dir leichter von der Hand? Womit bekommst du mehr Schwung? Malst du lieber mit großen oder kleinen, mit breiten oder schmalen Pinseln?

Schwungvoll Achten malen

Bei diesen Übungen geht es um das Überkreuzen der Mittellinie. Für das Zeichnen einer Acht oder eines Unendlichkeitszeichens (liegende Acht) ist eine komplexe Bewegung notwendig. Sie regt beide Gehirnhälften an und ist deswegen eine die Konzentration am Besten fördernde Bewegung im Schul- und Kindergartenalter. Sie kann leicht zwischendurch eingesetzt werden: vor Hausaufgaben, Übungen, Klassenarbeiten oder gegen Ermüdung.

 **MATERIAL**

Große Papiere (mind. DIN A3), Bunt- oder Wachsstifte

DURCHFÜHRUNG

Die Übung kann zunächst nur mit dem Finger auf einer fertig abgebildeten Acht nachvollzogen werden, sodass die Kinder sich die Bewegung einprägen. Dann übertragen sie die Bewegung auf ihr leeres Blatt. So können sie zwischen der Vorlage und dem leeren Papier hin und her springen. Wenn sie sich einigermaßen sicher fühlen, wiederholen sie die Acht mit einem Stift.

Es lässt sich bei diesen Achten ein Richtungswechsel vornehmen, d.h. dass die Kinder, die ihre Form von oben rechts diagonal nach unten links bis oben links nach diagonal unten rechts (Überkreuzung der Mittellinie) geschwungen haben, nun andersherum – von oben links nach diagonal unten rechts, weiter nach oben rechts diagonal zu unten links (Überkreuzung der Mittellinie) – schwingen.

Auf die vorherige Bewegung lässt sich leicht aufbauen, indem die Kinder liegende und schließlich schräge Achten zeichnen, die von einer Ecke des Blattes zur diagonal gegenüberliegenden Ecke reichen. Die verschiedenen Richtungen lassen sich auch mit je unterschiedlichen Farben zeichnen, sodass sie später noch nachvollzogen werden können. Außerdem ergibt sich durch die quer übereinander laufenden Linien ein schönes Muster.

➡ TIPP

Auch hier ist es hilfreich, wenn sich die Erzieherinnen aktiv an den Übungen beteiligen und ihre eigenen Achten ziehen.

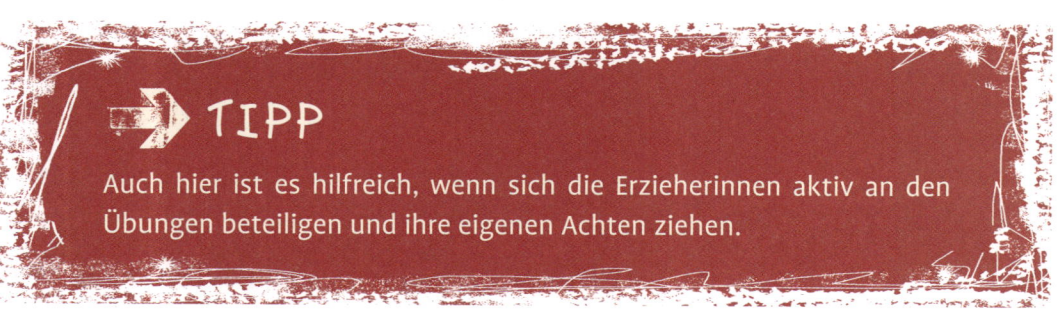

Die Bewegung der Acht lässt sich auch mit dem ganzen Körper nachvollziehen. Mit Straßenkreide versuchen die Kinder, sehr große Achten auf den Boden zu malen; hierbei können die Erzieherinnen ihnen helfen. Danach gehen oder laufen die Kinder die Form nach. Schließlich können sie versuchen, Achten ohne Bodenbemalung zu laufen: Ein Kind läuft vor, die anderen laufen hinterher. Das kann später nacheinander in einer langen Reihe von Kindern ausprobiert werden, so dass die Form noch besser zu sehen ist.

Vielleicht ist es möglich, dass die Erzieherinnen die „laufenden" oder "lebendigen" Achten von oben fotografieren oder mit der Kamera aufnehmen, z.B. wenn das Experiment im Garten stattfindet. Schlüsselpunkt ist die Überkreuzung der Mitte: Hier müssen die Kinder eine Lösung finden, wer zu welcher Zeit weiter läuft. Meist kommen sie auf eine Art Vorfahrts-Lösung.

Schwung- und Wurfbilder

➜ Schwünge rollen

➜ Malen im Gehen: Wandgestaltung

➜ Gemeinsames Malen mit einem „Malapparat"

➜ Mit getrockneten Blättern gestalten: Wurfbilder

➜ Getrocknete Blütenblätter zu Bildern formen

Stärkung von Koordination und (Raum-)Wahrnehmung

Schwung- und Wurfbilder beweisen, dass Malen und Zeichnen den ganzen Körper mit einbeziehen kann; das zeigen die folgenden Aktivitäten. Sie werden idealerweise zum Großteil im Stehen, Gehen oder Laufen vollzogen, damit sich die Bewegungen voll entfalten können.

Schwünge rollen

Für schnelles, sehr bewegtes Schwingen eignet sich die Arbeit mit verschiedenen Farbrollen. Auf großen Papieren können die Kinder weit ausholende, frei schwingende Bewegungen im Stehen vollführen. Mit unterschiedlichen Farbkonsistenzen wie Linol- oder Fingerfarbe lassen sich reizvolle Ergebnisse erzielen. Selbst im Krippenalter ist diese Technik leicht umzusetzen, welche den Umgang mit dem „Werkzeug Rolle" und das Einsetzen von Farbe fördert.

MATERIAL

Große Papiere, verschiedene Rollen, Fingerfarbe, Gouache oder Linoldruckfarbe, glatte Unterlagen wie z. B. Schneidebrettchen, Linolplatten, Schreibunterlagen aus Kunststoff, Platten aus Plexiglas oder Ähnliches, Papierreste

DURCHFÜHRUNG

Mit kleinen Rollen aus dem Baumarkt oder mit speziellen Rollen für Linoldruck lassen sich interessante und sehr bewegte Strukturen erreichen. Es ist förderlich, an einem freistehenden Tisch zu arbeiten, um den die Kinder während des Rollens herumgehen können. Sie können sich mit dem Rollen auch abwechseln, sodass beidhändiges Gestalten mit zwei Rollen möglich ist.

Zunächst wird ausreichend Farbe auf einer glatten Unterlage, z.B. einem Schneidebrettchen oder einer Schreibunterlage, aufgetragen. Diese rollt ein Kind mit seiner Rolle aus, sodass die Farbe am Werkzeug gut haften bleibt. Sodann wird die Farbrolle über das Papier gerollt. Hierbei können die Kinder beliebig experimentieren: schnell und langsam, schräg und gerade, im Gehen oder im Stehen. Das leichte Gleiten über das Papier, das schmatzende Geräusch der Farbe auf der Platte und der sich leicht ausbreitende Farbgeruch sind schon ein sinnliches Erlebnis an sich. Die Bewegung des Rollens regt zu weiteren schwungvollen, auch übermütigen Bewegungen an, die in den Ergebnissen auf dem Papier abzulesen sind.

Um gestalterisch das Thema „Schwünge" noch zu unterstützen, lassen sich einige Abwandlungen mit in die Aktivität einbringen. Aus Papierresten können die Kinder lange, schmale Streifen schneiden. Da es sich um Papierreste handelt, sind diese in ihrer Unterschiedlichkeit schon sehr reizvoll: Einige stammen aus Zeitungen mit vielen schwarzen Buchstaben, andere aus Zeitschriften mit vielen bunten Abbildungen. Durch das Schneiden (oder auch Zerreißen) findet eine Entfremdung statt, die in der Weiterverarbeitung mit Farbrollen gipfelt.

Die Papierstreifen werden auf das Papier geworfen, sodass zufällige Formen entstehen. Darüber wird nun mit einer gut eingefärbten Rolle Farbe aufgetragen (siehe Abbildung auf S. 44). Die Papierstreifen können wieder heruntergenommen oder auch anders platziert werden. Auf diese Weise entstehen interessante Aussparungen, die immer wieder neu gestaltet werden können. Mit der Rolle können nun unterschiedliche Farben hinzugefügt werden. Besonderen Spaß haben die Kinder an der Beobachtung der Mischung der Farben, indem sie mehrere übereinander rollen.

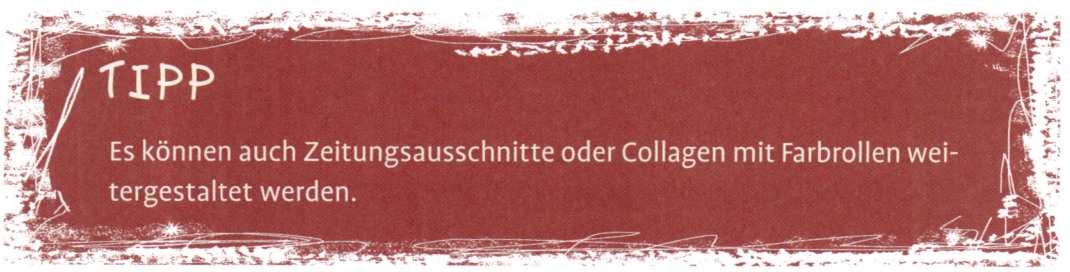

TIPP

Es können auch Zeitungsausschnitte oder Collagen mit Farbrollen weitergestaltet werden.

BEOBACHTUNG

Manche Kinder drehen die Rolle auch herum und schaben bzw. kratzen mit den Kanten, sodass eindrucksvolle Effekte entstehen.

Malen im Gehen: Wandgestaltung

Bisher haben sich die kreativen Übungen vorwiegend auf bestimmte Bewegungsabläufe mit Händen und Armen, teilweise auch dem Oberkörper, beschränkt. Bei den folgenden Aktivitäten handelt es sich um einen ganzheitlichen Körpereinsatz. Auge-Hand-Koordination wird mit der gesamten Raum-Lage-Wahrnehmung kombiniert. Die Gleichzeitigkeit der Bewegungen mit dem Zeichnen und der Aufmerksamkeit auf die Bewegungen der anderen Kinder stellt eine große Herausforderung dar, die jedoch nicht zu Frustration oder Überforderung führt, da es sich um ein freies Experiment handelt, bei dem kein bestimmtes, vorgegebenes Produkt herauskommen muss. Im Gegenteil, es geht auch hier um die Überraschung der Ergebnisse. Denn der Weg ist das Ziel …

Große Papiere, vorzugsweise von einer Rolle, z. B. von Makulaturpapier- oder Tapetenrollen, dicke Stifte, Wachsmalstifte oder -blöcke, evtl. Pinsel und Abtönfarben, Klebestreifen

DURCHFÜHRUNG

An einer möglichst langen Wand wird ein breiter Papierstreifen (mind. DIN A3) an den oberen und unteren Rändern mit Klebeband befestigt. Die Kindergruppe stellt sich an einer Seite in einer Reihe an. Jedes Kind sucht sich vorher einen Stift oder Wachsblock aus und hält ihn in jener Hand, die zur Wand gerichtet ist. Das erste Kind setzt seinen Stift an einem beliebigen Punkt auf dem Papier an und setzt sich langsam in Bewegung. Die anderen Kinder folgen nach und nach.

Zunächst ziehen die Kinder einfache Linien bis zum Ende des Wandpapiers. Dort dreht sich die ganze Reihe um, sodass die Letzten die Ersten sind. Sie wechseln die Hand, die den Stift hält und gehen zum Ausgangspunkt zurück. Auf diese Weise kommen Recht- und Linkshänder beide gleichberechtigt zum Zuge.

Nach diesen ersten beiden Durchgängen besprechen alle gemeinsam im Sitzkreis ihre Beobachtungen: mit welcher Hand sie sich sicherer fühlen und welche Richtung ihnen mehr zusagt. Die Erzieherinnen fragen nach, welche weiteren Ideen die Kinder haben. Die einzelnen Kinder führen ihre Idee vor, sodass eine Ansammlung von „Wanderungen" entsteht. Die Erzieherinnen halten diese schriftlich fest. Schließlich stellen sie gemeinsam mit den Kindern eine Reihenfolge auf. Diese setzen die Kinder – wieder in einer Reihe laufend – fort.

Bei dieser Aktivität, die auf dem Angebot „Zeichnen in Bewegung" (siehe S. 16) aufbaut, kommt der Körper noch ganzheitlicher zum Einsatz. Die Kinder können ihre Arme beim Malen frei schlenkern lassen, sie auf und ab schwingen, ihre Handinnenflächen mit Fingerfarbe bemalen und laufend, springend, hüpfend an der Wand entlang führen. Mit Stempeln (z. B. selbst hergestellten Kartoffelstempeln) können sie beidhändig stempeln und schmieren.

Als zusätzliche Schwierigkeit können sich einige Kinder Punkte überlegen, die sie auf dem Wandbild verteilen. Diese werden dann von den anderen miteinander verbunden. Von weitem sehen sie sich ihr Wandbild an: Woran erinnert es? Mit vielen Farben und verschiedenen Malutensilien (z.B. auch Pinsel und Abtönfarben) ergänzen sie ihr Bild großzügig, d.h. in großen Formen. Jedes Kind sucht sich eine Stelle aus, an der es weiterarbeiten arbeiten möchte. Vielleicht möchten sich die Kinder auch auf ein gemeinsames Thema einigen oder auf eine bestimmte Farbgebung. Das besprechen sie zwischendurch im Sitzkreis. Es ist wichtig, dass sie immer wieder mal von der Wand zurücktreten und sie von weitem betrachten. Auf diese Weise wird ihnen der Unterschied zu einer üblichen Zeichnung auf einem DIN A4 oder DIN A3 Blatt bewusst.

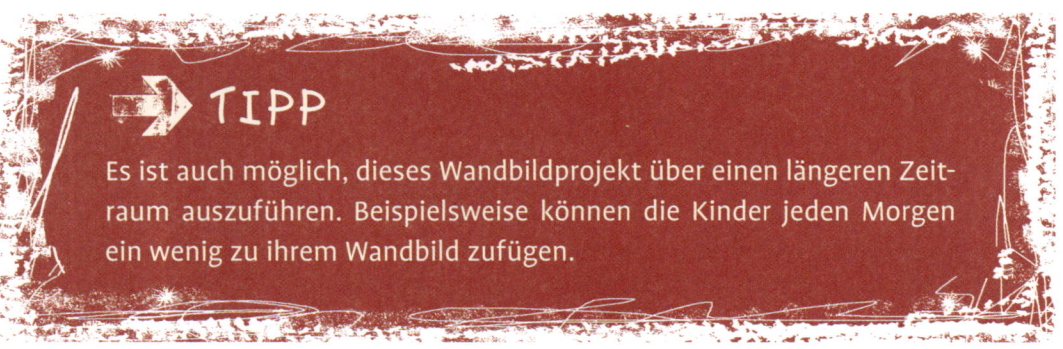

TIPP

Es ist auch möglich, dieses Wandbildprojekt über einen längeren Zeitraum auszuführen. Beispielsweise können die Kinder jeden Morgen ein wenig zu ihrem Wandbild zufügen.

Beim gemeinsamen Arbeiten kommt es darauf, an aufeinander einzugehen. Bei einem großen Wandbild, das vorwiegend durch Bewegung gekennzeichnet ist, bleibt dennoch viel Freiraum für die individuelle Gestaltung.

Gemeinsames Malen mit einem „Malapparat"

Das soziale Miteinander wird beim Malen mit einem „Malapparat" besonders herausgefordert. Die Kinder müssen sich spontan einigen, wohin sie der zeichnende Stift jeweils bewegt. Bei dieser freien Aktivität steht der gemeinsame Spaß jedoch im Vordergrund. Es gibt viel zu lachen und je regelmäßiger solche Übungen eingesetzt werden, desto mutiger werden die Kinder im Umgang damit, setzen sich selbst Ziele und lassen sich nicht so leicht entmutigen, wenn etwas nicht klappt.

MATERIAL

Für den Bau des „Malapparates" benötigt man ca. 2,5 cm breite und bis zu max. 1 cm hohe Holzlatten. Eine Holzsäge, einen Bohrer (idealerweise einen Handbohrer, sodass die Kindergartenkinder abwechselnd mitbohren können). Knetmasse oder Klebeband, einen leicht malenden Stift. Dieser Apparat kann aber auch gekauft werden.

Es werden zwei Holzlatten auf die gleiche Länge gebracht, ca. 60 bis 80 cm. In die Mitte wird in jede der Latten ein Loch gebohrt, dessen Durchmesser so groß wie der ausgewählte Stift ist, mit dem man zeichnen möchte.

Beide Latten werden diagonal so übereinander gelegt, dass ein Kreuz entsteht und die Löcher genau übereinander liegen. Die Holzlatten werden aneinander fixiert, indem sie beispielsweise mit Klebeband umwickelt werden, sodass sie nicht verrutschen. Der Stift wird nun durch beide Löcher in die Latten geschoben und mit Knetmasse oder Klebeband gut befestigt. Auf diese Weise können jeweils vier Kinder mit einem solchen Apparat malen. Es können natürlich auch mehr Latten übereinander angebracht werden, sodass eine Art Lattenstern entsteht. Je größer die Anzahl der Kinder ist, die mit dem Gerät arbeiten können, desto höher ist auch die Schwierigkeit, sich zu einigen.

DURCHFÜHRUNG

Auf einen Tisch werden große Papiere so festgeklebt, dass die Tischplatte möglichst mit Papier bedeckt ist. Die Größe des Tisches sollte so gewählt sein, dass die Kinder sich in der Mitte die Hände geben können, wenn sie sich vorbeugen. Sie können beim Malen auch auf Stühlen knien oder das ganze auf dem Fußboden ausführen, so verfügen sie über mehr Bewegungsfreiheit.

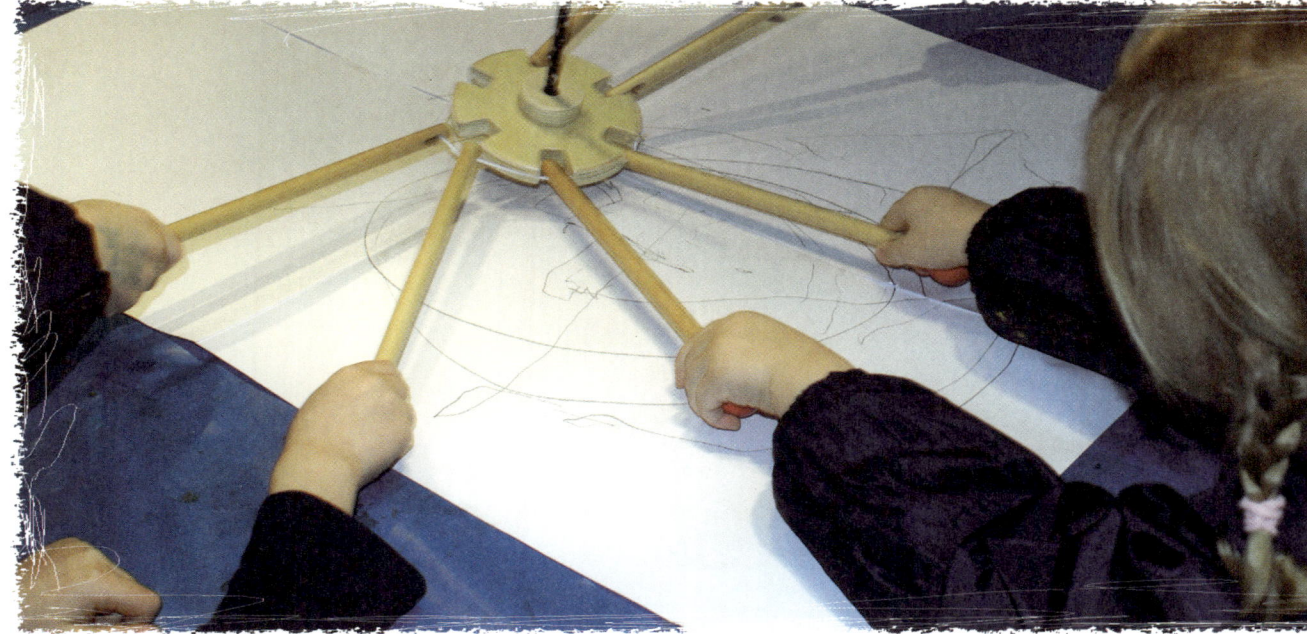

Der „Malapparat" wird nun in die Mitte des Tisches gestellt, sodass die Stiftspitze auf dem Papier steht. Die Kinder verteilen sich um den Tisch. Handelt es sich um vier Kinder, so steht, sitzt oder kniet jedes an einer Tischseite. Jedes Kind hält den „Malapparat" an einem (Latten-)Ende fest. Jetzt fangen die Kinder langsam an, das Gerät über die Fläche zu bewegen. Manche schieben, andere ziehen. Meist entstehen erst kreisende Bewegungen. Dies hat durchaus einen meditativen Aspekt.

Nach einiger Übung, die Bewegungen miteinander zu koordinieren, werden die Kinder neugierig, ob sie es schaffen, bestimmte Formen auf das Blatt zu malen. Sie versuchen zunächst, geometrische Formen zu zeichnen: Rechtecke, Dreiecke, Rhomben (Drachen).

Die Erzieherinnen verteilen leichte Zeichenaufgaben, wie beispielsweise Wellen, Büsche und Bäume, Gräser, Wolken oder Berge. Die Kinder versuchen diese umzusetzen, wobei sie sich immer wieder einigen müssen, in welche Richtung der „Malapparat" gezogen werden soll.

Für Fortgeschrittene

Die Kinder können auch ausprobieren, gemeinsam eine Form mit unterschiedlichen Mustern auszufüllen. Das braucht viel Ausdauer und Konzentration. Der Vorteil bei einer solchen Gemeinschaftsarbeit besteht jedoch darin, dass alle Teilnehmenden sich auch einmal ausruhen und von den anderen führen lassen können.

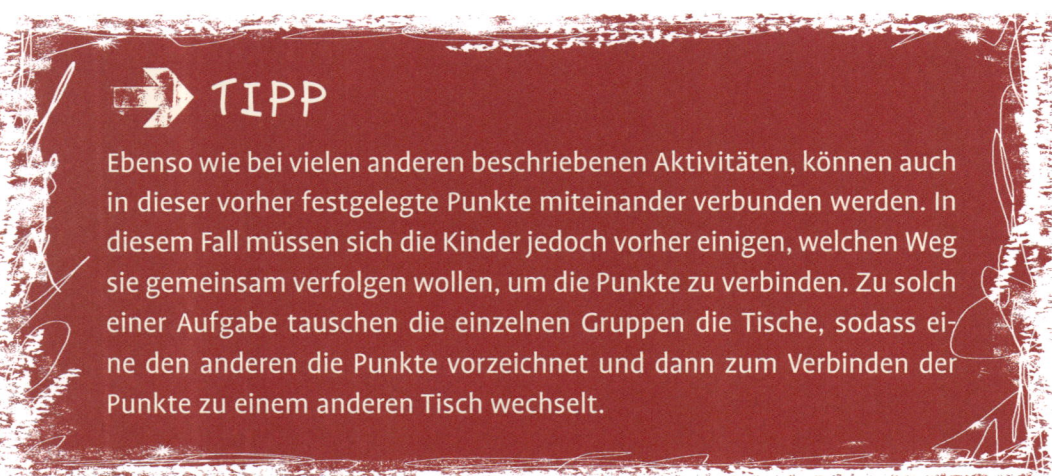

TIPP

Ebenso wie bei vielen anderen beschriebenen Aktivitäten, können auch in dieser vorher festgelegte Punkte miteinander verbunden werden. In diesem Fall müssen sich die Kinder jedoch vorher einigen, welchen Weg sie gemeinsam verfolgen wollen, um die Punkte zu verbinden. Zu solch einer Aufgabe tauschen die einzelnen Gruppen die Tische, sodass eine den anderen die Punkte vorzeichnet und dann zum Verbinden der Punkte zu einem anderen Tisch wechselt.

Mit getrockneten Blättern gestalten: Wurfbilder

Eine Gestaltung, die unter anderem auch die Vergänglichkeit von Kunstwerken aufzeigt, ist das „Wurfbild". Hierbei werden taktile Erfahrungen mit unterschiedlichen Materialien gemacht, von denen viele aus der Natur stammen können. Das Sammeln der Materialien sowie ihr Trocknen oder Pressen gehört zur kreativen Ausführung dazu, die die Kinder mit viel Freude selbstständig durchführen können. Sie haben dabei die Möglichkeit, die Veränderungen der „alternden" Naturmaterialien, deren Konsistenz und Farbe, zu beobachten und haptisch wie auch olfaktorisch (über den Geruchssinn) zu erfahren.

Das Empfinden über die Haut ist ein wichtiges Element unserer Sinneswahrnehmungen. Bei getrockneten Blättern und Blütenblättern kommt außerdem eine gewisse Geschicklichkeit hinzu, da nicht zu stark zugegriffen werden sollte, um die Blätter nicht zu zerbröseln. Kinder, die Schwierigkeiten mit dem Muskeltonus ihrer Hände (z.B. mit zu starkem Muskeltonus) haben, lernen, zart zuzugreifen und auf druckempfindliches Material einzugehen.

Bei der Erstellung von „Wurfbildern" spielen das Gleichgewicht und das Raumgefühl eine Rolle. Die Kinder müssen die Richtung, in die sie werfen, einordnen können. Möchten sie ein Bild auf einem Blatt Papier entwerfen, bedarf es auch einer gewissen Zielsicherheit.

MATERIAL

Blätter, Blütenblätter, Samen, kleine Steinchen, Borken und Rinden, Konfetti oder andere Papierschnitzel, usw.

DURCHFÜHRUNG

Sollen für die Wurfbilder Naturmaterialien verwendet werden, so können diese zunächst bei Spaziergängen oder Ausflügen gemeinsam gesucht und gesammelt werden (im Wald, auf Feldern, Wiesen, in Naturschutz- oder Umweltzentren). Die meisten Materialien müssen getrocknet werden, bevor man sie zur Gestaltung einsetzen kann. Dazu werden sie auf alten Zeitungen, in großen, flachen Schüsseln oder auf Tabletts ausgebreitet und regelmäßig gewendet, damit von allen Seiten genügend Luft herankommt und sie nicht faulen.

Je nachdem welche Materialien getrocknet werden, verbreitet sich ein zarter Duft in ihrer Umgebung. Die Kinder stecken ihre Nasen in getrocknete Rosen- oder Lorbeerblätter oder Lavendel- oder Lindenblüten, Samen und Rinden. Sie lernen, die verschiedenen Gerüche zu unterscheiden und zu erkennen. Verfügt der Kindergarten über einen eigenen Außenbereich, in dem sich etwas anpflanzen lässt, können sich Erzieherinnen und Kinder gemeinsam überlegen, was sie in Hinsicht auf „Wurfbilder" gern ernten würden.

Sind die gesammelten Blätter und Samen getrocknet, so können sie in Behältern wie Gläsern, Schüsseln oder Kästen für einige Zeit aufbewahrt werden (Vorsicht: nach einiger Zeit können sich zwischen Naturmaterialien auch Tierchen ansammeln, deswegen bietet es sich an, die Sammlungen immer wieder zu überprüfen und nach gewisser Zeit zu entsorgen).

Mit einem Behälter (gefüllt mit dem gewählten Material) sucht sich jedes Kind einen Ort, an dem es genügend Platz für ein Wurfbild hat. Das könnte auch im Treppenhaus, in einer Vorhalle oder bei völliger Windstille draußen sein. Es bedarf im Grunde genommen keiner besonderen Unterlage. Möchte man die Ergebnisse jedoch transportieren oder aufbewahren, so eignen sich große, weiße Papiere (z.B. die Rückseiten alter Plakate) als Untergrund.

Mit beiden Händen greifen die Kinder in die Sammlungen und werfen sie in die Luft. Sie beobachten nun, wie sich die jeweiligen Samen (z.B. Ahornsamen drehen sich wie Propeller), Blätter (manche segeln langsam) oder Rindenstücke (geben ein prasselndes Geräusch von sich) während des Fallens verhalten. Leichte Blütenblätter segeln so gemächlich wie in Zeitlupe um das werfende Kind herum (siehe Abbildung). Auf dem Fußboden bilden sich interessante Muster. Es entsteht ein Spiel mit dem Zufall.

Bei ihren Würfen können die Kinder verschiedene Bewegungen ausprobieren: in die Höhe hüpfen, sich im Kreise um sich selbst drehen oder in die Hocke gehen. Oft entsteht durch ihre Lebhaftigkeit eine Art Tanz. Diese Energie und dieser Schwung lassen sich gut mit passender Musik unterstützen. Die Kinder nehmen den Rhythmus der Musik auf, übertragen ihn in Bewegung, müssen aber gleichzeitig auf den Wurf ihrer Blätter usw. achten und ihr Gleichgewicht halten. Die Raum-Lage-Wahrnehmung erhält hier im Zusammenhang mit der taktilen, akustischen und visuellen Wahrnehmung sowie dem ästhetischen Empfinden eine besondere Qualität.

Die Kinder können ihre Materialien untereinander austauschen, von „Station" zu „Station" wandern und sich die Zufallsbilder der anderen ansehen. Sie entscheiden selbst, ob sie die entstandenen Wurfbilder gleich wieder auflösen, indem sie die Materialien einsammeln und einem anderen Kind zur Verfügung stellen, oder ob ihnen eines so gut gefällt, dass sie es zunächst erhalten wollen.

Wurden die Bilder auf einem großen Papier erstellt, so kann dieses vorsichtig auf einen Tisch oder eine Fensterbank gelegt und dort für einige Zeit aufbewahrt werden. Es lässt sich auch ein wenig fixieren, indem ein anderes leeres Blatt oder eine transparente Platte (z.B. Plexiglas) darauf gelegt wird. Man kann das Ganze auch mit vorbereiteten Papieren, z.B. mit Tapetenkleister bestrichenen ausführen, um die Werke zu erhalten.

Getrocknete Blütenblätter zu Bildern formen

Meist möchten die Kinder nach der Erfahrung mit „Wurfbildern" zur Abwechslung größeren Anteil an der bewussten Gestaltung von Materialbildern nehmen. Auf diese Weise erhöht sich die Intensität des taktilen Erlebnisses. Hinzu kommen die Koordination der Hände und das gestalterische Moment der Komposition.

MATERIAL

Blätter, Blütenblätter, Samen, Borken- und Rindenstückchen, festes Papier oder Pappe, eventuell Rahmen und Plexiglas oder Glasscheibe

DURCHFÜHRUNG

Auf ein Blatt festes Papier oder Pappe (nicht größer als DIN A3) legen die Kinder das Material ihrer Wahl, beispielsweise Rosenblütenblätter. Nun schieben sie die Blätter in Form (siehe Abbildung). Da das Material sehr flexibel ist, müssen die Kinder sich nicht gleich auf ein „Bild" festlegen. Möchten sie ein Materialbild für einen Rahmen entwerfen, so ist es zweckmäßig, von Vornherein die Unterlage auf die ungefähre Größe des Rahmens zu beschränken. Auf diese Weise kann das entstandene Materialbild zwischen Unterlage und Glasscheibe in den Rahmen gepresst werden. Natürlich lässt sich ein Papier auch mit Sprühkleber vorbereiten, sodass die Blüten, Blätter, Borken oder Samen am Untergrund festkleben.

➡ TIPP

Hier können auch verschiedene Blüten und Blätter gemischt werden, sodass interessante Farbspiele entstehen, z. B. blaue Veilchen oder Kornblumen, gelbe Kapuzinerkresse oder Löwenzahnblüten und rote Rosen- oder Mohnblütenblätter.

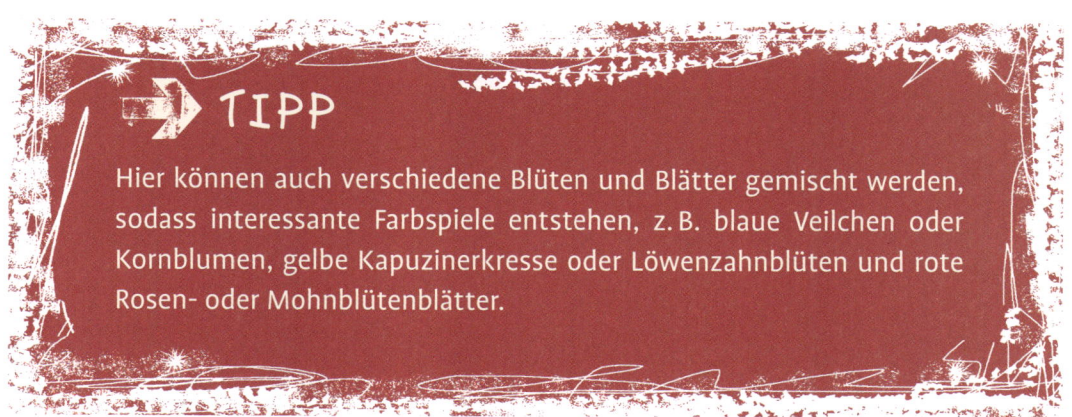

Ich möchte einen Kreis!

➡️ Hilfen, einen Kreis zu erstellen

➡️ Kreisflächen gestalten

➡️ Aus Kreisen Ovale entwerfen

➡️ Mit kleinen Objekten Kreise legen

➡️ In der Natur Kreise und Kugeln finden

➡️ Kugeln gestalten

Wahrnehmen und Gestalten von geometrischen Formen

Der Kreis ist an sich schon eine geometrische Form, die fasziniert. Die Kreislinie ist im Grunde genommen eine Kurve, die keinen Anfang und kein Ende kennt, und ist somit ein eindimensionales Gebilde. Die Kreisfläche (oder geschlossene Kreisscheibe) hingegen ist eine zweidimensionale Fläche. Beides bezeichnen wir gemeinhin als Kreis.

Kinder erleben im Kindergarten täglich den Sitzkreis, aber auch Kreisspiele, Ringelreihen und Kreistänze. Oft spielt bei diesen Spielen und Tänzen auch der Mittelpunkt eine große Rolle. Ein Kind steht im Kreis und singt einen bestimmten Satz, Refrain oder spricht einen Namen. Auch beim Sitzkreis steht meist ein Gegenstand wie z.B. eine Kerze in der Mitte.

Dabei erfahren die Kinder unbewusst schon physisch, dass der Mittelpunkt zum ihm umgebenden Kreis eine große Bedeutung hat. Dies wird auch bei der Gestaltung von Kreisen später (spätestens in der Schule) eine Rolle spielen.

Durch die tägliche Erfahrung mit Kreisen sowie die Bewegung des Kreisens, findet sich diese geometrische Form auch in den Gestaltungswünschen der Kinder regelmäßig wieder. Die Beobachtung ihrer Umwelt lenkt ihren Blick immer wieder auf Kreise und Kugeln. Die dreidimensionale Form der Kugel stellt sich in der bildlichen Darstellung auf Papier als zweidimensionaler Kreis dar: Köpfe, Augen, die Sonne gehören zu den Dingen, die meist sehr früh von Kindern und Kleinkindern (je nach individueller Entwicklung) gezeichnet und gemalt werden.

Hilfen, einen Kreis zu erstellen

Beim Ausprobieren und Basteln möchten Kinder immer wieder mal einen ziemlich genauen Kreis zeichnen können, um mit diesem oder um diesen herum zu gestalten. Dazu bieten sich ihnen verschiedene Möglichkeiten der Hilfestellung. Im Folgenden werden einige davon aufgezeigt, die die Kinder eigenständig entwickeln können. Dabei werden sowohl ihre Handgeschicklichkeit als auch ihre Feinmotorik weiterentwickelt.

MATERIAL

Papiere (mind. DIN A3), Stifte (dicke und dünne), Karton, Scheren, runde Gegenstände, die die Kinder als Schablonen verwenden können

DURCHFÜHRUNG

Auf großen Papieren zeichnen die Kinder mit dicken Stiften oder Wachsmalkreiden viele Kreise. Dazu kann auch ein Thema als Anregung gewählt werden: viele Luftblasen unter Wasser, Bläschen im Badeschaum, Weihnachtskugeln, Bälle, Ringe usw. Dann können die Kinder auch mal mit der anderen Hand Kreise zeichnen. Gibt es da einen Unterschied? Gelingen ihnen mit beiden Händen die Kreise gleich gut? Wie würden sie einen perfekten Kreis hinbekommen? Welche Hilfsmittel fallen ihnen dazu ein?

In einer Küche beispielsweise werden die Kinder besonders fündig. Sowohl Früchte wie Mandarinen oder Äpfel versuchen sie als Schablonen zu benutzen als auch Gläser, Tassen und Teller. Einige kommen auf die Idee, sich die Äpfel in der Mitte durchzuschneiden, weil die flache Seite des halbierten Apfels besser auf dem Papier liegen bleibt als der ganze, während sie ihn mit einem Stift umrunden. Teller und Töpfe ergeben besonders große Kreise, Korken besonders kleine.

Aber auch in ihren Spielkisten und Spielschubladen finden die Kinder geeignete Materialien (Säulen von den Bauklötzen, Münzen aus dem Kaufmannsladen etc.). Ihr Blick schärft sich mit der Zeit auf der Suche nach runden Gegenständen und sie helfen sich gegenseitig; beispielsweise hält ein Kind die „Schablone", während ein anderes von außen herumläuft und mit dem Stift den runden Gegenstand umzeichnet.

Beim Arbeiten mit Schablonen eignen sich dünne oder sehr spitze Bunt- und Bleistifte besser als dicke Wachsmalkreiden. Zudem fällt manchen Kindern das Arbeiten auf dem Fußboden leichter. Einige Kinder bewegen sich mit ihrem Stift um das Objekt, das als Schablone dient, herum, andere drehen das Blatt mitsamt der Schablone und lassen den Stift an einer Stelle senkrecht stehen. Sie gucken sich die unterschiedlichen Methoden ab und es ist nicht selten, dass sich alle schließlich für ein bestimmtes Objekt und eine bestimmte Methode als die praktischste entscheiden.

> ⇒ TIPP

Zusätzlich zu den zeichnerischen Aktivitäten können zwischendurch zur Auflockerung natürlich verschiedene Kreisspiele angeboten werden (z.B. wenn die Kinder ermüden). Auch einfache Ringelreihen wie: „Wir singen für die / den …" Hier wird der Name des Kindes eingesetzt, das in der Mitte mitsingt und in die Hände klatscht, während die anderen sich an den Händen fassen und im Kreis laufen oder tanzen. Dann zeigt das Kind auf eines im Kreis, das noch nicht in der Mitte stand und tauscht mit ihm den Platz.

Haben sich die Kinder für bestimmte Schablonen bzw. Objekte entschieden, können sie ihre Kreise auf festeren Karton übertragen. Natürlich können sie auch frei Hand Kreise auf Kartons zeichnen. Danach schneiden sie mehrere Kreise aus um sie später weiter zu gestalten.

Kreisflächen gestalten

Schon zuvor wurde als Zusatzaktivität das Ausmalen von Kreisflächen angesprochen. Sie regen zum Füllen ihrer Form an. Es muss kein ausgesprochenes oben oder unten, kein links oder rechts geben; bei Mandalas haben Kinder dies sicherlich schon oft beobachtet. Etwas aus Kreisen zu gestalten, baut spielerisch feinmotorische Fähigkeiten aus.

MATERIAL

Verschiedenfarbiger Karton, Scheren, Stifte (dicke und dünne), Wassermalfarben oder Fingerfarben, Pinsel, evtl. gummiertes Papier, runde Gegenstände, die die Kinder als Schablonen verwenden können

DURCHFÜHRUNG

Verschieden- oder gleichgroße Kreise werden auf Karton übertragen und ausgeschnitten. (Die Kreise sollten nicht zu klein sein, da sich sonst später eine frustrierende „Fummelarbeit" ergibt, die die Kinder stark in ihrer Motivation beeinträchtigt.) Der Karton kann auch farbig sein. Dunkler Karton lässt sich sehr schön mit hellen Buntstiften, Wachsmalstiften oder -kreiden bemalen, die man sonst auf weißem Papier so schlecht erkennt. Die Wirkung von hellen Mustern auf dunklem Grund ist besonders anregend.

Die Kinder füllen nun ihre Kreise mit verschiedensten Mustern und Farben. Vielleicht denken sie sich vorher schon aus, ob aus ihren Kreisen etwas Bestimmtes entstehen soll, z.B. ein Mobile oder eine Art Angelspiel. Unter diesem Gesichtspunkt entscheiden sie auch die Untergrundfarbe ihres Kartons bzw. mehrerer Kartons. Welche Farben würden sie gerne in ihrem Kinderzimmer hängen haben? Wie wäre es mit einem Mobile im Badezimmer, in der Küche oder im Treppenhaus des Kindergartens?

Mobile

Fäden, Stöckchen, Stopfnadel, weiche Unterlage, Säge, Muscheln, Pailletten oder Perlen

Für das Mobile werden Fäden oder dünne Schnüre und Stöckchen (z.B. aus Bambus, auch selbst gesammelte) gebraucht. Durch die fertigen Kreise wird mit einem spitzen Gegenstand (dicke Stopfnadel, dicker Nagel oder spitzer Pinselstiel) an einem Rand ein Loch gebohrt. Um sich nicht zu verletzen, legen die Kinder ihre Kreise auf einen weichen Untergrund (Fließ, Filz, Moosgummi, Schwamm, Styropor) und bohren das Loch hinein. Durch dieses werden dann Fäden gezogen, die wiederum an den Stöckchen befestigt werden. Erwachsene und ältere Kinder (Vorschulkinder) können ihnen helfen, Kerben an die äußeren Ränder der Stöckchen zu ritzen oder zu sägen (kleine Säge oder Schnitzmesser), sodass die Fäden nicht so leicht abrutschen.

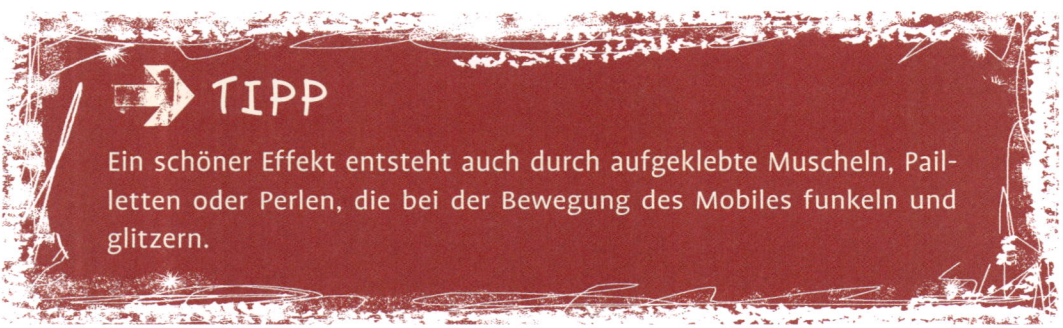

➡ TIPP

Ein schöner Effekt entsteht auch durch aufgeklebte Muscheln, Pailletten oder Perlen, die bei der Bewegung des Mobiles funkeln und glitzern.

Angelspiel

MATERIAL

Metallhaken, kleiner Magnet, Stock, Schuhkartondeckel, Farben oder Klebematerialien, evtl. bunte Federn

Für das Angelspiel benötigt man Metallhaken (z.B. aus dem Bauhaus) für die Kreise, die geangelt werden sollen. Man braucht einen kleinen Magneten, der an einer Schnur befestigt werden kann. Diese wird wiederum mit dem anderen Ende an einen Stock geknotet, sodass eine Angel entsteht. Für die Kreise lässt sich der Deckel eines Schuhkartons ausgestalten (von innen bemalen oder schön bekleben), in den die Kreise später gelegt werden. Daraus werden dann die Kreise geangelt. Vielleicht möchten einige Kinder auch „Kugelfische" aus ihren Kreisen entwickeln, indem sie beispielsweise bunte Federn als Fischschwänze und Flossen an die Kreise ankleben.

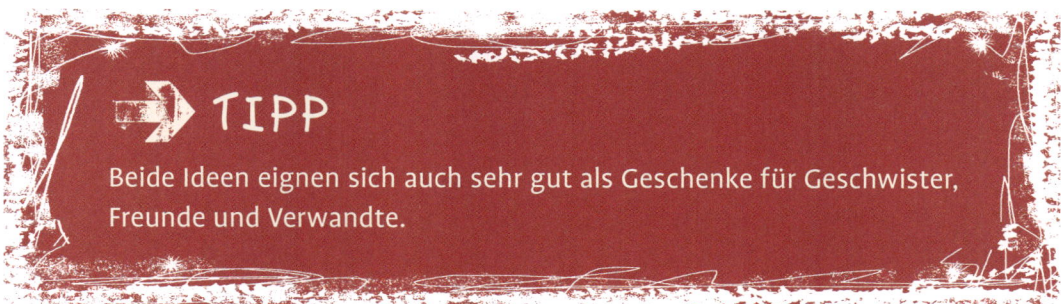

→ **TIPP**

Beide Ideen eignen sich auch sehr gut als Geschenke für Geschwister, Freunde und Verwandte.

Ideen aus der Kunst

In vielen Kunstwerken verschiedener Künstler sind interessante Anregungen für kreative Muster zu finden; so beispielsweise bei Juan Miró, Paul Klee oder Niki de Saint Phalle. Anregungen zu Mobiles finden sich auch bei Alexander Calder und dem Schweizer Künstler Jean Tinguely.

Aus Kreisen Ovale entwerfen

Die Weiterentwicklung von Formen, das Einsetzen von fantasievollem wie auch strategischem Denken und das Kombinieren von unterschiedlichen Techniken werden durch die folgenden Übungen auf kreative Weise unterstützt. Durch den „Methodenwechsel", in diesem Fall durch den Wechsel der Techniken, ermüden die Kinder, deren Ausdauer beim Malen, Zeichnen und Basteln begrenzt ist, nicht so schnell. Sie zeichnen, kreisen, schneiden, reißen, lecken, kleben, stehen auf, gehen, machen Geräusche usw.

MATERIAL

Papier (DIN A4), weiß oder farbig, farbiges Tonpapier oder gummiertes Papier für die Mosaiktechnik, Bunt-, Wachs- und Bleistifte, Schere, Klebstifte, kleine Schwämmchen, evtl. kleine Film- oder Digitalkamera

DURCHFÜHRUNG

Sind die Kinder in eine kreisende Bewegung eingetaucht, indem sie locker mit einem Stift frei auf einem Blatt kreisen (siehe auch S. 34), so können sie diese Bewegung auch variieren. Sie stellen sich vor, den Kreis zu drücken: Von oben und unten, von links

und rechts. Es lassen sich auch zwei Kreise nebeneinander legen und umrunden. Aus ihren Ovalen lassen die Kinder nun beispielsweise Fische entstehen. Sie denken sich aus, was für typische Elemente für einen Fisch fehlen und zeichnen diese dazu. Sie ergänzen z. B. Flossen, Schwanzflossen und Gesichter. Die Erzieherinnen bieten ihnen farbige Papiere an, aus denen die Kinder Fischschuppen schneiden oder abreißen können. Gummierte Papiere eignen sich gut, da die Kinder sie nur anzulecken brauchen oder kurz auf einen angefeuchteten Schwamm drücken müssen, sodass die Schnipsel ohne zusätzlichen Klebstoff auf dem Untergrund haften bleiben.

Auf ihren gezeichneten Fischkörper kleben die Kinder große und kleine bunte Schuppen. In Anlehnung an die Abenteuer des „Regenbogenfisches" ergänzen einige ihre Schuppen mit einer goldenen oder silbernen Schuppe oder Flosse. Manche entwickeln aus ihrem Oval lieber ein Piratenschiff. Die Papierschnipsel können z.B. die Flicken des Schiffskörpers oder die Kanonen darstellen.

Sind die Objekte fertig gestaltet, so schneiden die Kinder sie aus. Sind sie im Schneiden noch nicht so geschickt, so genügt es vollkommen, die Form grob und großzügig auszuschneiden (siehe Abbildung).

Nun gehen alle gemeinsam zur Gestaltung eines Hintergrundes zu ihren Objekten über. In diesem Fall geht es um den Lebensraum Wasser. Mit langen Papierbahnen werden die Wände im Raum abgeklebt. Jedes Kind nimmt sich einen weichen Stift (Wachs- oder sehr dicker, weicher Buntstift). An einer Seite der Wand stellen sich die Kinder in einer Reihe hintereinander auf und malen nun Wellenlinien auf das Papier. Sind genügend Wellen zu sehen und die Kinder zufrieden, so holt sich jedes sein fertiges Fisch- oder Schiffobjekt.

Die Kinder einigen sich darauf, wer filmen möchte und wer seinen Fisch im Wasser auf und ab schwimmen lässt. Die Erzieherinnen erklären kurz den Gebrauch der Ka-

mera. Beim Filmen können sich die Kinder auf diese Weise abwechseln, sodass jedes einmal an die Reihe kommt. Sie versuchen dabei, das Objektiv auf den schwimmenden Fisch zu halten und sich mit ihm an der Wand entlang zu bewegen, ohne ihn aus dem Bild zu verlieren. Dasjenige Kind, das den Fisch schwimmen lässt, macht die Geräusche dazu, die später auf dem kleinen Digitalfilm zu hören sind. Nach und nach erzeugen die zusehenden Kinder die Geräusche mit. Beim Piratenschiff donnern die Kanonen, beim Fisch blubbert es.

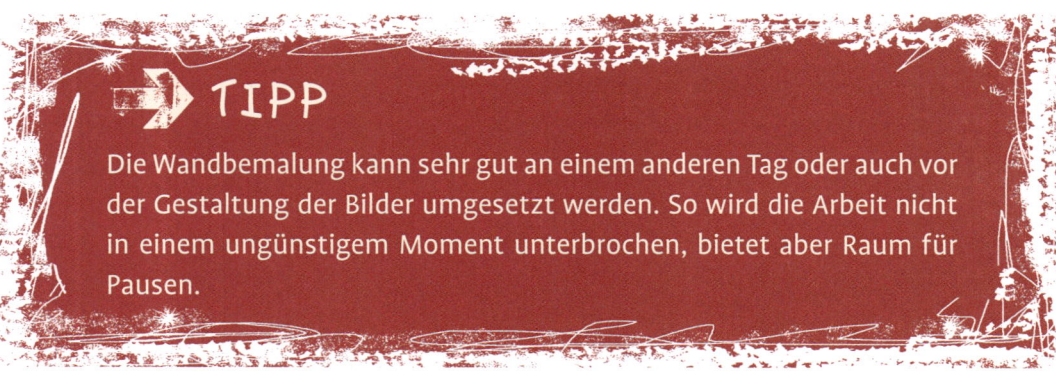

→ TIPP

Die Wandbemalung kann sehr gut an einem anderen Tag oder auch vor der Gestaltung der Bilder umgesetzt werden. So wird die Arbeit nicht in einem ungünstigem Moment unterbrochen, bietet aber Raum für Pausen.

Zum Abschluss können die Bildobjekte auf die Wandgestaltung geklebt werden, sodass ein großes Gemeinschaftsbild entsteht. Die Filme werden der Gruppe am Bildschirm vorgeführt und können für die Familien auf CD vervielfältigt werden.

Mit kleinen Objekten Kreise legen

Das Legen von Bildern mit Objekten, bietet die Möglichkeit, besonders Kindern mit wenig Fingergeschicklichkeit und Hemmungen vor dem Zeichnen (beispielsweise wegen Schwierigkeiten bei der Stifthaltung) ein Gefühl für Bildkomposition zu geben. Die unterschiedlichen Materialien bieten dem Hautsinn viele Varianten an Sinnesreizen.

MATERIAL

Verschiedene Objekte kleiner Größe: Nussschalen, trockene Früchte, Kerne, Nüsse, Bauklötze, Spielfiguren, Büroklammern, Wäscheklammern, Münzen, Kronkorken, Tannenzapfen, (Halbedel-)Steine usw.

Jedes Kind überlegt sich, mit welchen Objekten es gerne einen Kreis legen möchte. Die Voraussetzung dazu ist, dass die Objekte nicht zu groß sind und genügend vorhanden sind, sodass eine Kreisfläche damit gelegt werden kann. Die Gegenstände sollten die gesamte Kreisfläche ausfüllen, sodass möglichst wenig Zwischenräume entstehen. Die Schwierigkeit besteht darin, dass aus unterschiedlichsten Formen (eckige und runde, längliche und kurze) ein ziemlich gleichmäßiger Kreisrand erstellt werden muss, um eine Rundung zu erhalten. Die Kinder werden beobachten, dass mit kleinen Gegenständen leichter kleinere Kreise gelegt werden können als mit großen Dingen.

Da das Legen an sich eine Tätigkeit ist, die nichts fixiert, sondern durch permanentes Schieben entsteht, lässt es ganz besonders großen Freiraum für immer neues Probieren und Experimentieren. Das „Korrigieren" gehört zum Gestaltungsvorgang dazu. Gleichzeitig übt es den Blick und die Fingergeschicklichkeit, um mit Formen umgehen und Größen sowie Flächen besser einschätzen zu können. Auch die Collagetechnik wird auf diese Weise aktiv vorbereitet.

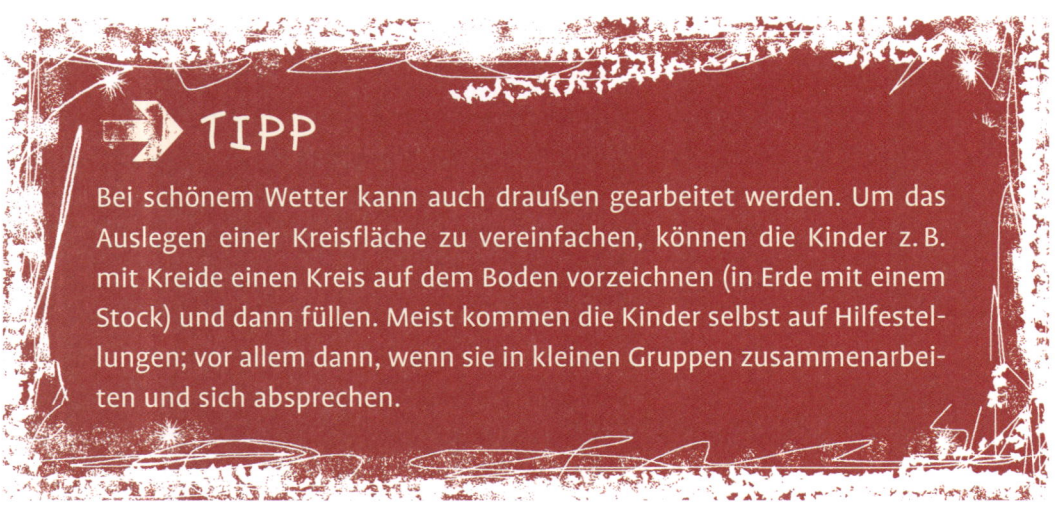

TIPP

Bei schönem Wetter kann auch draußen gearbeitet werden. Um das Auslegen einer Kreisfläche zu vereinfachen, können die Kinder z. B. mit Kreide einen Kreis auf dem Boden vorzeichnen (in Erde mit einem Stock) und dann füllen. Meist kommen die Kinder selbst auf Hilfestellungen; vor allem dann, wenn sie in kleinen Gruppen zusammenarbeiten und sich absprechen.

In der Natur Kreise und Kugeln finden

Die hohe Beobachtungsgabe, die Kindern eigen ist, kann bei der kreativen Gestaltung immer wieder aktiv mit einbezogen werden. Dadurch werden die Kinder in ihrer Selbstständigkeit und ihrem Selbstvertrauen gestärkt und ermutigt, ihren eigenen, persönlichen Weg zu gehen. Auch hierbei wird ihre Feinmotorik gefördert. Hinzu kommt die Entwicklung sprachlicher Kompetenz, z.B. geometrische Formen zu benennen.

MATERIAL

Blumen (z. B. das Innere von Gänseblümchen), Früchte, Kürbisse, Haselnüsse, Samen (Linde), Steine, Sandkörner, Pusteblumen, Baumhöhlen, Löcher in Baumrinden oder Steinen, Pilzhüte, der Durchmesser von Stängeln oder Bäumen usw.

DURCHFÜHRUNG

Als aufmerksame Spaziergänger finden Kinder auf ihren Erkundungstouren auch in ihrer Umwelt natürliche Kreisformen: Sie entdecken kreisrunde Baumhöhlen, Samen, Blumen, Nüsse und Früchte, von Insekten in Blätter gefressene Löcher, und auch den Vollmond. Bei diesen Entdeckungstouren kann die Kindergruppe Zeichenmaterial und evtl. auch Kameras mitnehmen, um die Formen festzuhalten. Einige Objekte werden sicherlich auch gesammelt und können im Kindergarten für Collagen, Legebilder oder einen Jahreszeitentisch verwendet werden.

Anregende Fragen

Sind Hagelkörner wirklich ganz rund? Und Kristalle? Wie sieht die Form von Augen eigentlich aus? Bei Vögeln und Kaninchen sind sie rund ..., sind alle Pupillen rund? Bei Ziegen und Katzen nicht immer. Welche Form haben eigentlich Sandkörner? Unter dem Mikroskop vergrößert zeigen sie sich uns als rund gewaschene Steinchen. Sind nur Erde und Mond rund oder auch die anderen Planeten? Sind in der Natur eigentlich Quadrate und Dreiecke zu finden?

In einer kleinen Abschlussausstellung werden die gesammelten Befunde schließlich aufgewertet, indem sie Eltern, Freunden und Verwandten gezeigt werden. Diese Präsentation kann aus einer Fotoreihe, den Zeichnungen und Collagen oder aus den Sammlungen selbst bestehen. Die kleinen Objekte lassen sich als Legebilder oder auch in Döschen, Schächtelchen, Gläsern und Deckeln ausstellen.

Gesprächstipp

Was ist das Besondere an einer Kugel, im Gegensatz zu einem Würfel? Sie bewegt sich durch den leisesten Anstoß, ist von allen Seiten gleich.

Suchspiel

MATERIAL

Papier, verschiedene Farbstifte

Angeregt von den vorangegangenen Aktivitäten, lässt sich ein amüsantes Suchspiel durchführen, um die Übung zu fokussieren und noch zu vertiefen. Ein Bild wird mit zahlreichen, sich überschneidenden Kreisen gefüllt, die in einer Farbe gezeichnet sind. Die Kinder tauschen die Blätter miteinander aus und versuchen alle vollständigen Kreise zu finden, indem sie diese einzeln mit verschiedenen Farben umranden.

Kugeln gestalten

Aus verschiedensten Materialien lassen sich große und kleine Kugeln formen. Das Tastgefühl wird dabei insofern gefördert, als der Tastsinn unterschiedliche Konsistenzen erfährt: von weich bis hart, von trocken bis nass, von warm bis kalt, von leicht bis schwer. Die Kinder kennen aus Erfahrung viele dieser Sinnesunterschiede, wenn sie Schneebälle oder Kugeln aus leichtem Badeschaum formen sowie Kügelchen aus dem Inneren von Brötchen oder aus Knetgummi.

Eine besondere Schwierigkeit besteht aber darin, aus einer ebenen Fläche, einem Blatt Papier, etwas Dreidimensionales, eine Kugel zu basteln. Hier sind eine räumlich-plastische Denkweise sowie ein erhöhter Abstraktionsgrad gefordert, denen sich die Kinder durch das Experimentieren annähern.

MATERIAL

Papier, Alufolie, Knetmasse, Ton, Erde, Teig usw.

DURCHFÜHRUNG

Die Aufgabe besteht darin, sich zu überlegen, wie aus einer ebenen Papierfläche eine plastische Kugel zu formen ist. Da sich die Kinder kurz zuvor mit flachen Kreisflächen beschäftigt haben, handelt es sich jetzt um einen regelrechten Gedankensprung.

Da die Kinder keine Vorgaben bekommen, wie solch eine Plastik aus Papier anzufertigen ist, lässt sich von den Erzieherinnen sehr gut beobachten, wie sich das einzelne Kind der Problemlösung nähert. Auch regen sich die Kinder gegenseitig an. Für jene, die beim Experimentieren wenig Ausdauer besitzen, können schließlich weitere Materialien angeboten werden, die leichter zu formen und zu kneten sind, da sie nicht, wie ein Blatt Papier, aus einer ebenen Fläche bestehen.

Gesprächs- und Motivationstipp

Wie forme ich eigentlich eine Kugel aus weicher Knete? Wie bewegen sich dabei meine Hände und Finger?

Einige Kinder befestigen mit Klebestreifen mehrere Halbkreise von beiden Seiten an eine Kreisfläche, so dass sie immer plastischer wird. Das klappt erst nach einigen versuchen, denn am Anfang entstehen immer wieder flache Kreisflächen. Aus denen wird schließlich ein „Bilderrahmen" gestaltet. Andere versuchen Kugeln zu bilden, indem sie Kreise ineinander stecken: Sie schneiden Kreise bis zur Mitte ein und stecken sie zusammen. Die Kinder drehen ihre fertigen Kugeln in der Luft, sodass sie in der Bewegung noch runder erscheinen.

Einigen fällt das Zusammenknüllen von Papier ein. Sie denken auch an Alufolie oder Brötchentüten, aus

denen sie schon öfter Papierkugeln angefertigt haben. Der individuelle Lösungsvorgang lässt den Kindern nicht nur viel Freiraum für eine langsam wachsende Erfahrung und ein entdeckendes Lernen. Ebenso erhöht sich die Motivation zu „basteln" sichtlich auch bei jenen Kindern, die sich oft aus Frustration wegen mangelnder Geschicklichkeit oder Ausdauer von Bastelangeboten zurückziehen.

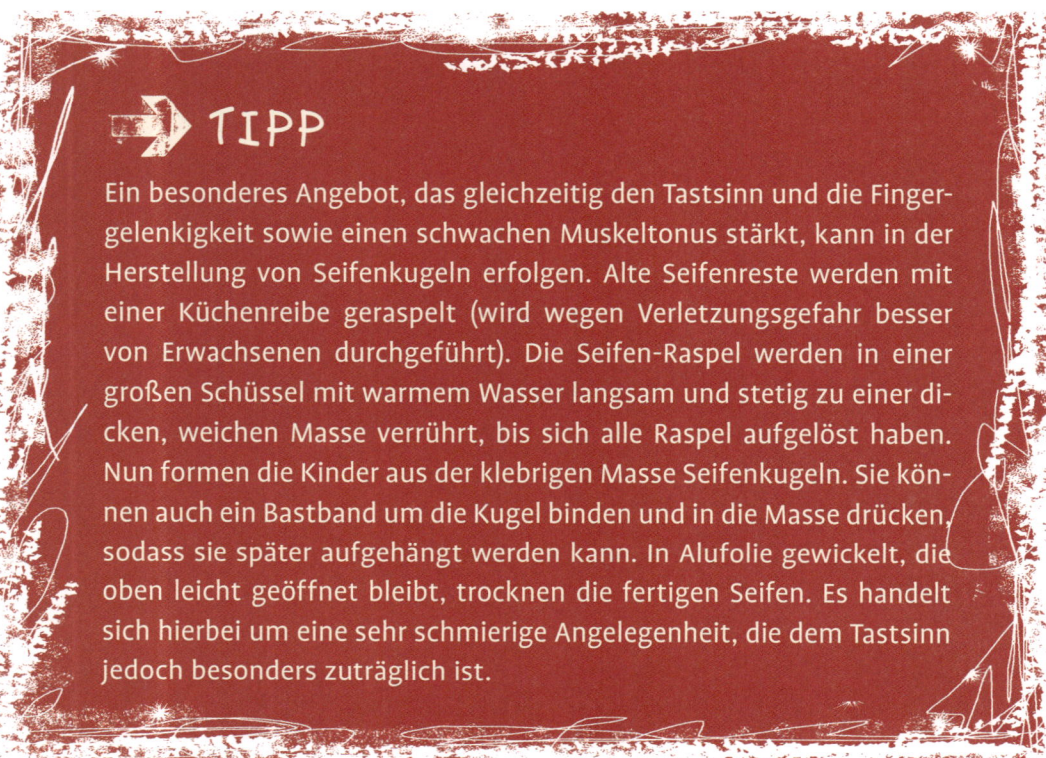

TIPP

Ein besonderes Angebot, das gleichzeitig den Tastsinn und die Fingergelenkigkeit sowie einen schwachen Muskeltonus stärkt, kann in der Herstellung von Seifenkugeln erfolgen. Alte Seifenreste werden mit einer Küchenreibe geraspelt (wird wegen Verletzungsgefahr besser von Erwachsenen durchgeführt). Die Seifen-Raspel werden in einer großen Schüssel mit warmem Wasser langsam und stetig zu einer dicken, weichen Masse verrührt, bis sich alle Raspel aufgelöst haben. Nun formen die Kinder aus der klebrigen Masse Seifenkugeln. Sie können auch ein Bastband um die Kugel binden und in die Masse drücken, sodass sie später aufgehängt werden kann. In Alufolie gewickelt, die oben leicht geöffnet bleibt, trocknen die fertigen Seifen. Es handelt sich hierbei um eine sehr schmierige Angelegenheit, die dem Tastsinn jedoch besonders zuträglich ist.

Wir bewegen uns im Kreise

- Kreise laufen
- Kreise aus Fundstücken legen
- Kreise pflanzen
- Spiralen entwerfen

Unterstützung von Grobmotorik, Raumwahrnehmung und des sozialen Miteinanders

Bei den folgenden Aktivitäten geht es nicht so sehr um die Genauigkeit der Kreisform, sondern auch um die Bewegung, zu der diese anregt. Hier wird eher die Grobmotorik angeregt sowie die Raum-Lage-Wahrnehmung und der Gleichgewichtssinn. Viele können mit herkömmlichen Spielen kombiniert werden und fördern das soziale Miteinander. Hier entstehen die kreativen Ergebnisse aus der eigenen Bewegung des Körpers: durch gehen, laufen, sich um sich selbst drehen usw.

Kreise laufen

Das Thema Kreis wird im Folgenden durch Bewegung gestalterisch ausgedrückt. Dabei kommt der ganze Körper zum Einsatz und gleichzeitig wird die Bewegung des Kreisens sichtbar gemacht. Bei den einzelnen Aktivitäten kommen zum Teil Fokussierung und Zielgenauigkeit hinzu. Außerdem werden Grobmotorik und Gleichgewichtssinn wie auch Raumvorstellung und Bewegungsempfindung der Kinder gefördert.

MATERIAL

Papier, Klebestreifen, lange Stöcke, dicke Borstenpinsel, ungiftige Fingerfarbe oder andere ab- oder auswaschbare Farbe abgefüllt in Suppenteller, Schüsseln, Schalen oder Töpfchen, evtl. CD-Spieler und CDs sowie eine Videokamera

DURCHFÜHRUNG

Ein großer Teil des Fußbodens wird mit Papier abgeklebt. Dicke Borstenpinsel werden verlängert, indem sie mit dem Stiel an lange Stöcke festgebunden oder festgeklebt werden (das können die Kinder mit gegenseitiger Hilfe selbst machen; es kommt nicht auf Genauigkeit an). Die Kinder gehen vorzugsweise barfuss (wenn sie nicht mögen, dann mit unempfindlichen Socken oder Schuhen). Jedes nimmt sich einen verlängerten Pinsel, taucht ihn in eine Wunschfarbe und sucht sich einen Platz auf dem Papier. Zunächst geht es nur darum, dass die Kinder mit dem Pinsel einen Kreis um sich herum zeichnen. Viele arbeiten im Stehen. Sie drehen sich dabei um sich selbst oder führen den Pinsel von einer Hand zur anderen.

Einige knien sich hin und versuchen, auf den Knien um sich herum zu wirbeln und dabei den Pinsel im Bodenkontakt zu halten. Solche Kunststücke regen die anderen Kinder zu weiteren, noch schwierigeren an. So verteilen sie sich auf ihre Weise gleichmäßig auf der großen Papierfläche.

Nun versuchen sie mit nur einem einzigen Pinsel zu malen. Sie malen einen Kreis um sich und geben den Pinsel dem nächsten Kind weiter, ohne diesen vom Boden abzuheben. So entsteht ein Netz aus verbundenen Kreisen. Insgesamt ergibt sich daraus eine wunderschöne Choreographie, aus der sich ein Tanz entwickeln ließe. Die Zeichen, die am Boden entstehen, geben dabei die Impulse zum Tanz.

Auch bei diesen Aktivitäten eignet sich der Einsatz von Musik. Es sollten aber durchaus auch Phasen der Stille mit eingeplant werden. Einmal um der Kommunikation der Kinder Raum zu bieten, zum Anderen, um den Geräuschen lauschen zu können, die durch das Malen und die Bewegungen entstehen. Es eignet sich sowohl ruhige Musik als auch Tanzmusik, die in die Beine geht, z.B. Musik aus Serbien (Orkestra del Sol), Swing oder die Ungarischen Tänze von Johannes Brahms.

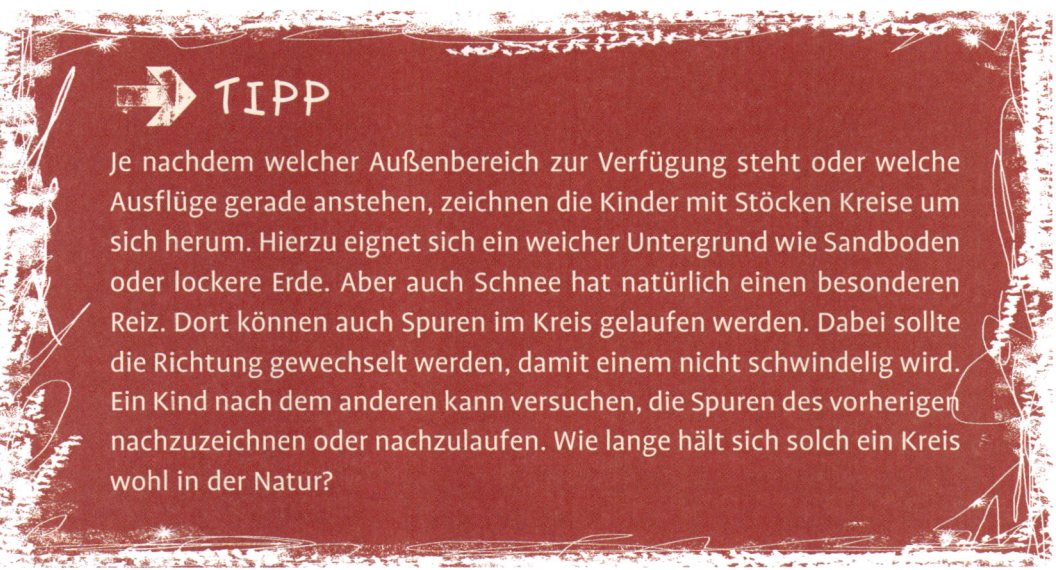

➔ TIPP

Je nachdem welcher Außenbereich zur Verfügung steht oder welche Ausflüge gerade anstehen, zeichnen die Kinder mit Stöcken Kreise um sich herum. Hierzu eignet sich ein weicher Untergrund wie Sandboden oder lockere Erde. Aber auch Schnee hat natürlich einen besonderen Reiz. Dort können auch Spuren im Kreis gelaufen werden. Dabei sollte die Richtung gewechselt werden, damit einem nicht schwindelig wird. Ein Kind nach dem anderen kann versuchen, die Spuren des vorherigen nachzuzeichnen oder nachzulaufen. Wie lange hält sich solch ein Kreis wohl in der Natur?

Nach der uneingeschränkten Bewegung im Kreise und dem dazugehörenden Zeichnen können einige Kinder Kreise und Verbindungen zwischen ihnen vorzeichnen und eine zweite Gruppe von Kindern diese nachzeichnen. Danach tauschen die beiden Gruppen, sodass die zweite Gruppe vorzeichnet.

Dann kann dieses Ergebnis wieder zur „Vorlage" als Choreografie für einen Tanz dienen. Die Kinder laufen entweder den Linien nach und umschreiben die Kreise. Oder aber es wählt sich jedes Kind einen Kreis und versucht, beim Tanzen nicht die Grenze zu überschreiten.

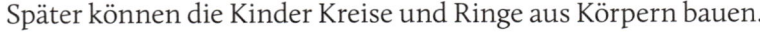

Später können die Kinder Kreise und Ringe aus Körpern bauen. Sie stellen sich beispielsweise im Kreis auf und fassen sich an den Händen. Dann fangen sie an, sich im Kreis zu drehen, mal links herum, mal rechts herum. Dabei gehen sie langsam in die Knie, hören auf zu drehen, sobald sie die Bewegung nicht mehr vollziehen können. Sie legen sich, ohne die Hände voneinander loszulassen, auf den Bauch, versuchen die Form eines Rings zu belassen.

Dabei strecken sie die Hände nach vorne und sehen sich an. Ist es möglich, aus dieser Position wieder aufzustehen ohne einander loszulassen, sich hinzustellen und in die andere Richtung als zu Anfang zu kreisen? Im Laufe solcher Übungen werden den Kindern selbst einige Kreisformationen einfallen. Vielleicht ist es möglich, dass jemand das ganze filmt, sodass sich die Kinder ihre Choreografie später von Außen ansehen können.

Kreise aus Fundstücken legen

Bei den folgenden Aktivitäten geht es nicht nur darum, Kompositionen zu bilden, sondern auch um die Fähigkeit, den Überblick über größere zu gestaltende Flächen zu gewinnen. Spannend wird es, wenn die Flächen viel größer als die Kinder selbst sind. Auch der Tast- und Hautsinn der Füße wird hier mit eingebunden. Ebenso können Temperaturempfindungen der Haut erprobt werden. Für Kinder ist es eine elementare, sehr intensive Erfahrung, was sie mit ihren Händen geschaffen haben, schließlich allein mit ihren Füßen zu erfahren. Im Zusammenspiel mit Kindern, denen ein Sinn fehlt oder bei denen einer weniger ausgeprägt ist (z.B. der Sehsinn oder der Gleichgewichtssinn), werden sie merken, wie wichtig es ist, für einen Ausgleich zu sorgen. Sie werden das Zusammenwirken verschiedener Sinne bewusster beachten.

MATERIAL

Lange oder breite Stöcke, dicke Steine, flache Steine, kleine und runde Steine (Kieselsteine), Blätter, Erde, Kastanien oder Eicheln, genügend Platz auf einem Außengelände

Auf einem Wald- oder Wiesenspaziergang suchen die Kinder nach Fundstücken, auf die sie sich vorher geeinigt haben. Ziel ist es, einen möglichst großen Kreis zu legen. Daher eignen sich große Fundstücke besonders, wenn es darum geht, einen Kreis in kurzer Zeit (z.B. in einer Stunde) zu legen. Solch ein Naturkreis kann aber auch nach und nach entstehen, indem er klein angefangen wird (z.B. aus Eicheln oder Kastanien). Nach jedem Spaziergang kann er erweitert werden. Auch können, falls genügend Platz im Außengelände vorhanden ist, mehrere Kreise aus verschiedenen Fundstücken gelegt werden. Das bietet sich für das barfuß Laufen an, da auf diese Weise die Unterschiedlichkeit der Materialien gefühlt werden kann.

Sind die Naturkreise fertiggestellt, gehen die Kinder barfuß darüber. Dies können diejenigen, die möchten, auch mit verbundenen Augen tun. Sie lassen sich dabei von anderen Kindern führen und versuchen zu erraten, welchen Kreis sie gerade betreten. Sie versuchen auch zu beschreiben, wie sich der Untergrund unter ihren Füßen anfühlt.

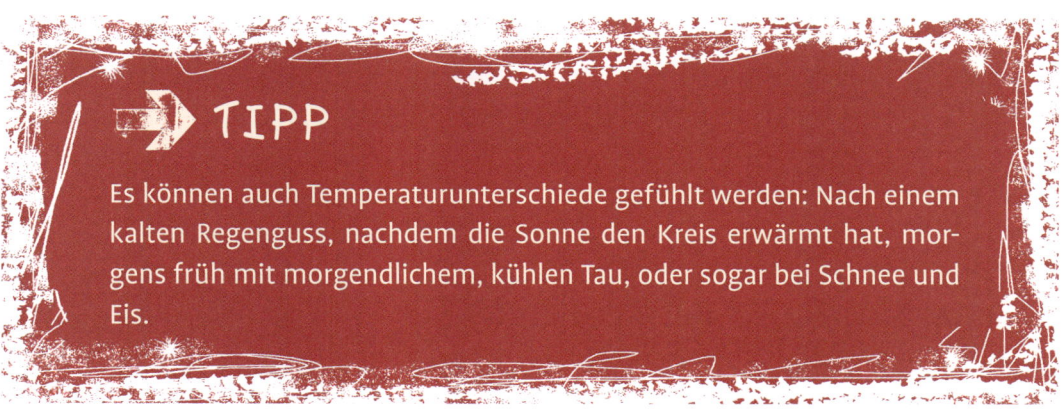

TIPP

Es können auch Temperaturunterschiede gefühlt werden: Nach einem kalten Regenguss, nachdem die Sonne den Kreis erwärmt hat, morgens früh mit morgendlichem, kühlen Tau, oder sogar bei Schnee und Eis.

Ein Erdring

MATERIAL

Schaufeln, Eimer, Schubkarren, Steine

Es lässt sich auch ein Ring aus Erde anlegen. Die Kinder sammeln lockere Erde in Schubkarren oder Eimern. Diese bringen sie an den Ort, an dem der Ring entstehen soll. Mit Steinchen oder Ähnlichem markieren sie den großen Ring auf dem Boden. Dazu können sie zur Vereinfachung aus einer Kindergruppe einen großen Kreis bilden. Diesen nehmen sie als Vorbild für ihren Ring. Die Kinder, die nicht in den Kreis eingebunden sind, legen außen (oder auch innen) um den Kinderkreis Steinchen hinter die Füße der Kinder. Die Gruppe löst den Kreis auf, wenn genügend Steine verteilt sind, um den Ring zu markieren.

Nun verteilen alle Kinder mit Schaufeln die herangeschaffte Erde auf dem Steinring, so dass eine Erhebung entsteht. Mit ihren Händen klopfen sie den Erdwulst fest. Ist die Erde sehr trocken, so feuchten die Kinder ihre Hände während des Festklopfens immer wieder an. Auf dem fertigen Erdring können auch Grassamen gesät werden, sodass später ein Grasring entsteht. Aber auch dieser Ring ist vergänglich: Wenn es stark regnet wird die Erde mit der Zeit abgetragen. Auch diese Arbeit hat trotz oder gerade wegen der körperlichen Herausforderung eine meditative Wirkung.

Anregungen aus der Kunst

Vom britischen Künstler Richard Long können sich Erzieherinnen wie auch Kinder anregen lassen. Long schafft bei seinen Wanderungen skulpturale Kunstwerke, indem er Spiralen, Labyrinthe, Kreise und andere Formen legt oder formt, die von Wind und Wetter, am Meer vom Wasser wieder zerstört werden. Er hält sie auf Fotografien fest; einige Werke sind jedoch auch in Museen ausgestellt, wo sie die Zeit überdauern. Long arbeitet ausschließlich mit natürlichen Materialien wie Steinen, Erde, Schlamm, Holz, Tannenzapfen, Kohlen etc.

Kreise pflanzen

Im Zusammenhang mit Pflanzen beschäftigen sich die Kinder mit fürsorglichen Tätigkeiten wie säen, gießen und hochziehen der kleinen Keimlinge. Sie müssen beispielsweise hinterfragen, ob ihre Pflanzen zu sehr der Sonne oder dem Schatten ausgesetzt sind. Dazu kommt der ästhetische Aspekt, den Pflänzchen eine Anordnung vorzugeben, die in der Natur normalerweise nicht vorkommt. Das Befühlen der Ergebnisse spricht die taktile Wahrnehmung besonders an und setzt behutsamen Umgang mit Fingern und Händen voraus.

MATERIAL

Blumentöpfe oder Kästen, (Blumen-)Erde, Samen schnell wachsender Pflanzen wie z. B. Kresse, Sprühflasche, Schablonen (Papier oder Karton, Stift, Schere)

Die Kinder fertigen Schablonen mit Kreisformen an (siehe auch S. 59ff.), deren Kreisform kleiner als die zu benutzenden Blumentöpfe oder Kästen sind. Die fertige Schablone wird flach auf einen Topf oder Kasten gelegt, der vorher mit Erde gefüllt wurde. Wichtig ist, dass die Erde schon feucht ist. Dann streuen die

Kinder die Samen über die Schablone, sodass nur dort Samen auf die Erde fallen, wo die kreisrunde Fläche ausgespart ist.

Die Schablone kann nun abgenommen werden. Das Gießen darf möglichst nur mit einem feinen Zerstäuber geschehen, damit die Samen in der vorgesehenen Form in die Höhe sprießen. Nach 2 Tagen sind schon die ersten Pflänzchen zu sehen.

Diese kleinen Kreise können auch auf den Fensterbänken oder in einem Regal entstehen. Kresse ist sehr genügsam und unkompliziert hochzuziehen. Beim Ernten können die kleinen Pflänzchen mit der Schere abgeschnitten werden. Vielleicht schneiden die Kinder kleine Muster, z.B. Gesichter hinein oder verkleinern die Kreisflächen immer mehr. Mit der Kresse kann dann nach Belieben gewürzt werden: Brotaufstriche, Salate usw. können hiermit verfeinert und dekoriert werden.

Spiralen entwerfen

In der Natur ist für Kinder die Spiralform vor allem mit einem Schneckenhaus gut zu vermitteln. Mit bunten Ketten, Fäden oder Bleischnüren legen die Kinder ästhetisch anmutende Spiralen, mal auch mit beiden Händen gleichzeitig. Hand-Hand-Koordination und Fingergeschicklichkeit werden hier zusammen gefordert.

Große Blätter Papier (DIN A3), Stifte, Schnüre, Fäden, Perlen bzw. Material, um Perlen selbst herzustellen, Perlenketten, Bänder, Kordeln, Draht, Maßbänder etc.

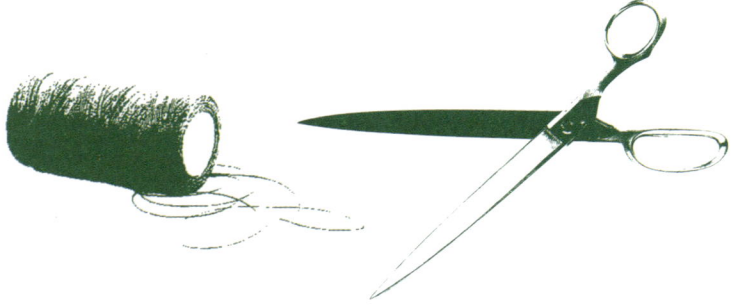

Als Vorübung zeichnen die Kinder auf großen Blättern großzügig Spiralen. Als Anschauungsmaterial können Fotografien von Wendeltreppen oder Schneckenhäusern verwendet werden. Auch hier ist es eine schöne Übung, die Spiralen mit beiden Händen gleichzeitig zu zeichnen. Dabei wechseln die Kinder immer wieder die Richtung: z.B. von innen nach außen und von außen nach innen. Besonders schwierig ist es, mit je einer Hand in eine unterschiedliche Richtung zu zeichnen. Dafür regt es aber die Arbeit beider Gehirnhälften stark an. Durch die zahlreichen vorangegangenen Kreis-Angebote sind die Kinder jedoch schon sehr „trainiert", sodass ihnen die Spiralform nicht allzu schwer fallen wird.

Kinder, die Schwierigkeiten haben und sich vielleicht während der Zeichnungen verheddern, können vorgezeichnete Spiralen als Untergrund angeboten werden, sodass sie diese mehrmals mit dem Stift nachfahren können. Auch hier können sie versuchen, die Richtung zu ändern. Für die Übungen ist es gar nicht notwendig, dass alle fähig sind, die Spiralen frei zu zeichnen.

Sind die Kinder in ihren Bewegungen lockerer und sicherer geworden, nehmen sie sich ein neues Blatt Papier und zeichnen mit einem dicken Stift eine großzügige Spirale so, dass die Abstände zwischen den Linien nicht zu groß sind.

Auf diese Zeichnungen legen die Kinder nun Kordeln, Perlenschnüre oder Ähnliches in Spiralform. Sobald ihnen das Legen leichter von der Hand geht, versuchen sie, das Ganze auf einem neutralen Untergrund zu wiederholen. Mit einer schweren Kordel oder Schnur können sie die gelegte Spirale in eine Kreisbewegung bringen, sodass die Spirale sich erhebt und an einen Strudel erinnert.

> **⟫ TIPP**
>
> Auch von der Hängematte aus (siehe auch S. 27) versuchen Kinder durch Drehung um sich selbst Spiralen auf den Boden zu malen. Hier bietet es sich an, immer wieder die Richtung zu wechseln, damit einem nicht schwindelig wird. Das Papier auf dem Boden muss bei dieser Zeichnung nicht unbedingt fixiert werden. Die Erzieherinnen können bei abgeschlossener Zeichnung ein neues, sehr großes Blatt Papier unter die Hängematte legen.

Diese „Luft-Zeichnungen" ergeben reizvolle Bilder, die andere Kinder eventuell mit Hilfe von Erwachsenen mit einem Fotoapparat oder einer Videokamera aufnehmen können. Auf den Fotografien entstehen farbige Zeichnungen, die die Bewegungen der Schnüre in einem einzigen Moment festhalten (siehe auch den „Feuerschwanz" auf S. 15).

Wie in einem Spinnennetz

➤ Ein Nagelbrett erstellen

➤ Geometrische Figuren fädeln

➤ Ein Netz frei zeichnen

➤ Ein riesiges Spinnennetz spinnen

➤ Ein großes Netz malen

Förderung von Zielgenauigkeit, Motorik und Kraftdosierung

In den folgenden Übungen geht es viel um Körpereinsatz, aber auch um Zielgenauigkeit und Kraftdosierung. Das (Spinnen-)Netz fasziniert Menschen seit jeher. Wir bewundern einerseits den kunstvollen Aufbau, andererseits ist es uns auch unheimlich: Es stellt auch eine Falle dar, aus der ein gefangenes Insekt nicht entkommt. Für Kinder bietet das Netz vielfältige Förderungsmöglichkeiten, von denen im Folgenden einige vorgestellt werden.

Ein Nagelbrett erstellen

Bei der folgenden Gestaltung ist Zielgenauigkeit und Krafteinteilung gefordert. Da es sich jedoch weder um einen empfindlichen noch um einen dekorativen Gegenstand handelt, können die Kinder ihre Freude am Hämmern ausleben und entwickeln dabei unwillkürlich ihre Geschicklichkeit. Sowohl Kindern mit eher starkem Muskeltonus als auch mit schwachem geben diese Übungen Gelegenheit, ihre Kraft angemessen einzusetzen und zu dosieren. Ebenso wird die Hand-Hand-Koordination als auch die Auge-Hand-Koordination gefördert.

MATERIAL

Quadratische, mindestens 1,5 cm hohe Holzbretter (ca. 20 cm x 20 cm), Lineal und Bleistift, Hammer und Nägel, verschiedenfarbige Gummibänder und Fäden, Papier und Stifte

DURCHFÜHRUNG

Falls eine Werkstatt im Kindergarten vorhanden ist, können die älteren Kinder sich selbst ein quadratisches Brett zurechtsägen. Ansonsten bekommen sie die Bretter gestellt. Mit Hilfe der Erzieherinnen wird ein Raster aus Bleistiftlinien mit ca. 1 cm großen Quadraten auf das Brett gezeichnet. Auf die Schnittstellen der Linien wird je ein Nagel in das Brett geschlagen. Es reicht, wenn die Nägel so tief im Holz sitzen, dass sie stabil und fest sind. Es sollten alle Nägel möglichst gleich weit herausstehen.

Sind alle Nägel vollständig eingeschlagen, vergleichen die Kinder ihre fertigen Nagelbretter untereinander. Im Sitzkreis können die Kinder miteinander besprechen, was man mit einem solchen Brett alles anfangen könnte. Die Erzieherinnen nehmen die Ideen auf und überprüfen, welche im Kindergarten umsetzbar sind.

In einem weiteren Schritt werden den Kindern verschiedenfarbige Fäden und Gummibänder angeboten, die sie um die Nägel spannen können. Dabei entstehen interessante Muster. Diese zeigen sie sich gegenseitig und versuchen zu beschreiben, woran sie die „Fädelbilder" erinnern. Oft entsteht an diesem Punkt eine Assoziation zum Spinnennetz, auf das bei späteren Aktivitäten noch einmal eingegangen werden kann.

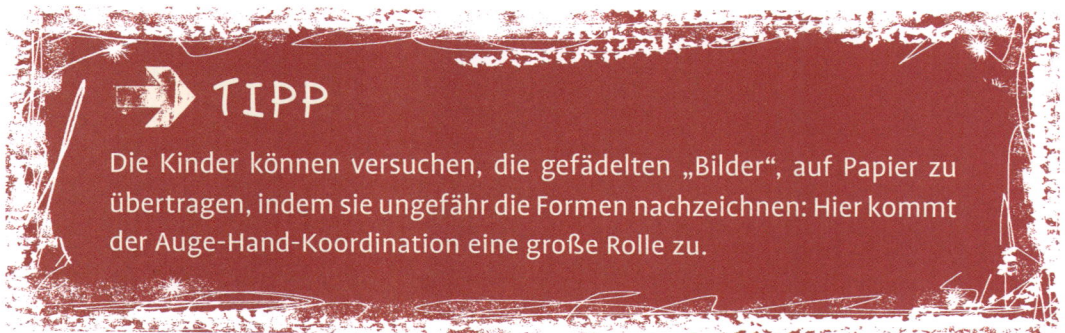

> **TIPP**
>
> Die Kinder können versuchen, die gefädelten „Bilder", auf Papier zu übertragen, indem sie ungefähr die Formen nachzeichnen: Hier kommt der Auge-Hand-Koordination eine große Rolle zu.

Geometrische Figuren fädeln

Geometrische Figuren und Muster nach vorgegebenen Zeichnungen zu fädeln, fördert die Auge-Hand-Koordination ungemein. Die Figuren, die das Auge wahrnimmt, muss die Hand eins zu eins auf dem Nagelbrett umsetzen. Für das Wickeln der Gummibänder um die Nägel braucht es Fingerspitzengefühl, damit die Bänder nicht reißen.

MATERIAL

Nagelbretter, verschiedenfarbige und verschiedengroße Gummibänder und Fäden, verschiedene Vorlagen mit geometrischen Figuren auf Papier, evtl. Stifte und Papier

DURCHFÜHRUNG

Den Kindern werden viele verschiedene Vorlagen zur Auswahl gegeben, nach denen sie die darauf abgebildeten Figuren nachfädeln. Es können verschiedene Schwierigkeitsgrade angeboten werden, die aufeinander aufbauen. Es bietet sich an, mit einer einfachen geometrischen Form anzufangen, z.B. mit unterschiedlichen Vierecken. Dann geht es weiter mit Dreiecken, Fünf- und Sechsecken usw.

Die Figuren können immer komplexer werden, aber es können auch mehrere, verschiedenfarbige Figuren auf einer Vorlage dargestellt werden. Diese werden auch mit verschiedenfarbigen Gummibändern (oder Fäden) auf das Nagelbrett übertragen. Dabei müssen die Kinder immer stärker die Übersicht wahren, um sich auf das jeweilige Muster zu konzentrieren.

Die Vorlagen bestehen aus dem gleichen Raster wie das Nagelbrett. (Hier können die Erzieherinnen ein Raster zeichnen und beliebig oft kopieren, sodass die Figuren nur in die Kopien gezeichnet werden müssen.) Die Schnittstellen der Linien stellen die

Nägel des Nagelbretts dar. Die Figuren müssen so gezeichnet sein, dass sie mit einem Gummiband umzusetzen sind.

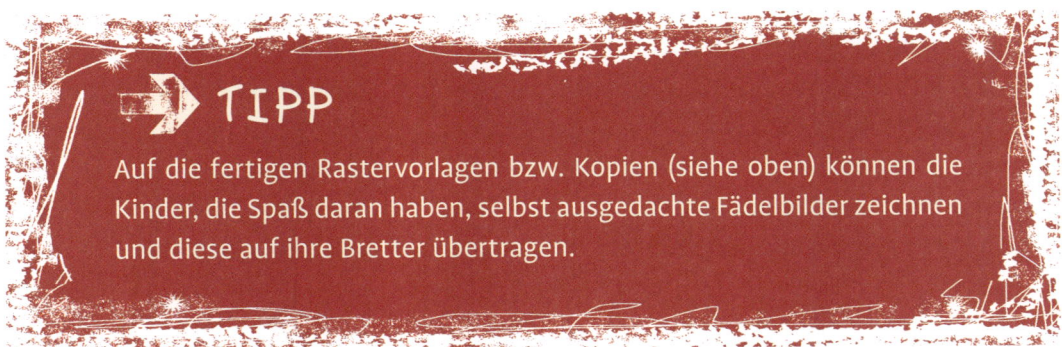

TIPP

Auf die fertigen Rastervorlagen bzw. Kopien (siehe oben) können die Kinder, die Spaß daran haben, selbst ausgedachte Fädelbilder zeichnen und diese auf ihre Bretter übertragen.

Ein Netz frei zeichnen

Im Gegensatz zum feinmotorischen Fädeln der Nagelbretter wird im Folgenden wieder mehr die Grobmotorik mit einbezogen, indem befreiende Bewegungen hinzu kommen. Aber auch hier ist genaues Hinsehen gefordert. Zusammenhänge müssen visuell hergestellt und erkannt werden, d.h. dass eine Figur-Grund-Wahrnehmung notwendig ist, die die wesentlichen Formen herausfiltert.

MATERIAL

Große Papiere (mind. DIN A3), dicke, einfarbige Stifte (Graphit- oder Wachsstifte, Kohle, Rötel)

DURCHFÜHRUNG

Für dieses Angebot brauchen die Kinder viel Bewegungsfreiheit. Auf einem großen Bogen Papier zeichnen die Kinder mit einem grobem Stift (z.B. Graphitstift) kreuz und quer. Wer möchte, zeichnet mit beiden Händen gleichzeitig. Die Aufgabe dabei ist, so weit ausholende Bewegungen wie möglich zu machen.

Auf einem neuen Blatt zeichnen die Kinder dann noch einmal solch ein dynamisches Netz. Diesmal versuchen sie aber, den Stift, bzw. die Stifte, nicht zwischendurch abzusetzen. Das klappt nicht gleich, deshalb kann man natürlich auch nach einem „Abbruch" an der abgebrochenen Linie wieder ansetzen und fortfahren. Auf diese Weise entsteht ein Netz, das aus einer einzigen Linie besteht, ein Gewirr, das auf den ersten Blick unübersichtlich erscheint.

Hier könnten die Erzieherinnen die Aufgabe stellen, diese eine Linie auf den jeweiligen Bildern mit dem Finger nachzuziehen.

Nach diesen Übungen entfernen sich die Kinder von ihren Zeichnungen und setzen sich z.B. in einen Sitzkreis und singen oder tanzen nach Musik durch den Raum, oder widmen sich einer anderen Tätigkeit wie einer Mahlzeit, Spielen oder einer Geschichte.

Nach der Unterbrechung sehen sich die Kinder ihre letzte Zeichnung an und überlegen, ob sie bestimmte Umrisse in ihrem Netz aus Linien erkennen. Sie versuchen, Formen in ihr zu erkennen, die sie schließlich mit ihrem Stift (es kann auch mit einer neuen Farbe sein, damit sich die Form vom Liniengewirr absetzt) umranden.

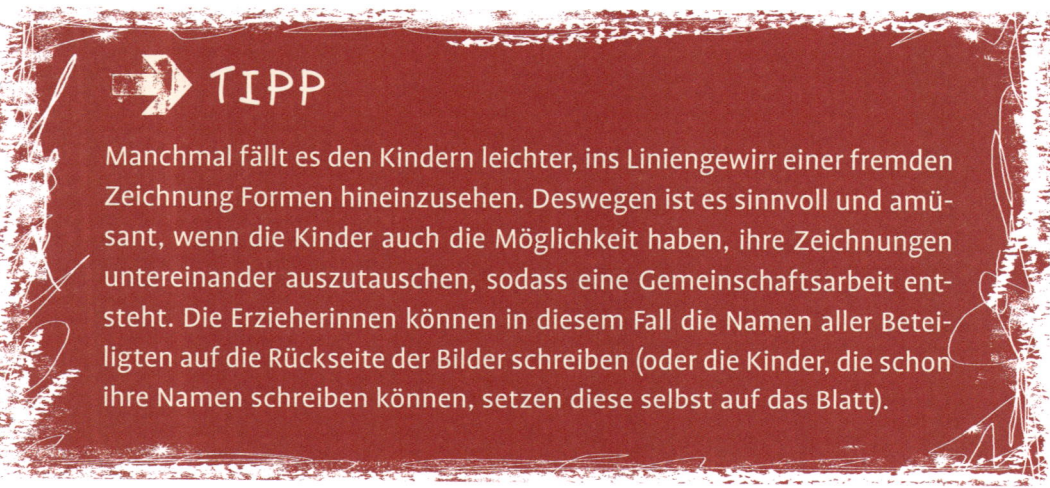

TIPP

Manchmal fällt es den Kindern leichter, ins Liniengewirr einer fremden Zeichnung Formen hineinzusehen. Deswegen ist es sinnvoll und amüsant, wenn die Kinder auch die Möglichkeit haben, ihre Zeichnungen untereinander auszutauschen, sodass eine Gemeinschaftsarbeit entsteht. Die Erzieherinnen können in diesem Fall die Namen aller Beteiligten auf die Rückseite der Bilder schreiben (oder die Kinder, die schon ihre Namen schreiben können, setzen diese selbst auf das Blatt).

Wer möchte, schneidet sich seine Formen aus. Abschließend legen oder hängen alle Kinder ihre Ergebnisse aus, sodass sie ihre Werke in der Gesamtheit wahrnehmen können.

Ein riesiges Spinnennetz spinnen

Während des Spannens der Fäden durch einen Raum ist die genaue Raum-Lage-Wahrnehmung der Kinder erforderlich. Sie müssen sich den Raum genau ansehen, die umherstehenden und herumliegenden Gegenstände mit einbeziehen und aufeinander achten, sodass sie sich nicht zu sehr in die Quere kommen. Aber auch die Feinmotorik spielt hier eine Rolle, denn die Fäden müssen koordiniert und befestigt werden, ohne zu zerreißen. Bei dem anschließenden Spiel, sich durch das gesponnene Netz zu bewegen, ohne es zu zerstören, wird auch das allgemeine Körpergefühl der Kinder gefördert.

Luftschlangen oder sehr leicht zerreißbare Bindfäden (z. B. Reihgarn)

DURCHFÜHRUNG

Um ein möglichst großes Spinnennetz zu spinnen, durch das die Kinder sich anschließend hindurch bewegen können, sollte ein geeigneter Raum zur Verfügung stehen.
Darin sollten sich keine empfindlichen oder zerbrechlichen Gegenstände befinden.
Andererseits braucht es aber viele Eckpunkte oder Vorsprünge, um die sich die „Fäden" wickeln können, beispielsweise Möbel, Hochebenen, Fenstergriffe, Kisten usw.

Jedes Kind bekommt einen Luftschlangenring, dessen Ende es an einem Möbel-
stück oder Ähnlichem mit Klebeband befestigt. Hierbei können die Erzieherinnen
Hilfestellung leisten, falls dies notwendig ist. Daraufhin bewegen sich die Kinder so
durch den Raum, dass der Ring sich abwickelt. Das Ende der Luftschlange wird wie-

der an einer anderen Stelle befestigt, sodass sie durch den Raum gespannt ist. Dann bekommen die Kinder weitere Luftschlangen. Mit der Zeit spannen sie immer komplizierte Fäden, die unter, über oder durch etwas hindurch führen (siehe Abbildung). Auch nehmen die Luftschlangen zu, das Netz wird immer dichter und es wird zunehmend schwieriger für die Kinder, sich hindurch zu bewegen: von außen nach innen, von innen nach außen, von vorn nach hinten usw.

Mit dem Schwierigkeitsgrad nimmt auch die ausgelassene Stimmung zu. Je nach Temperament der Kinder kann ein solches Spinnennetz-Spinnen darin enden, dass die „gefangenen Insekten" das Netz zerreißen und sich befreien. Es lässt sich natürlich bei gutem Wetter sehr schön im Garten, auf einem Spielplatz oder einem Park spinnen. Hier sind mehr Platz und viele Möglichkeiten zur Befestigung der „Fäden" vorhanden (Büsche, Sträucher, Bäume usw.).

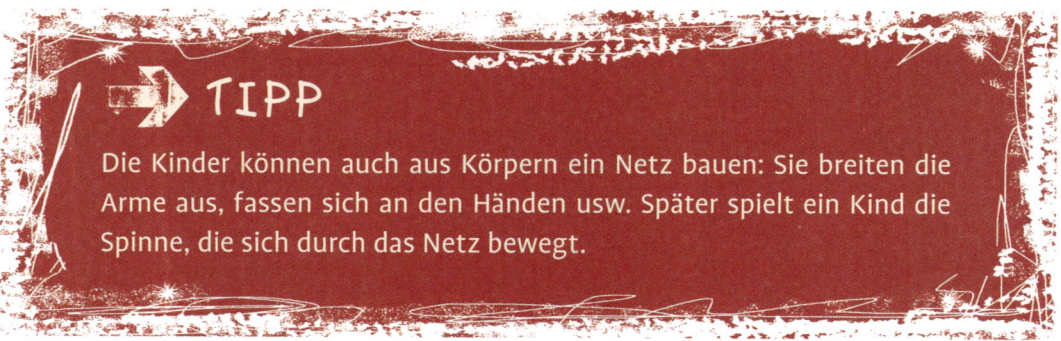

→ TIPP

Die Kinder können auch aus Körpern ein Netz bauen: Sie breiten die Arme aus, fassen sich an den Händen usw. Später spielt ein Kind die Spinne, die sich durch das Netz bewegt.

Ein großes Netz malen

Die folgende Aufgabe besteht darin, auf einem riesigen Bogen Papier auf dem Boden mit anderen Kindern gemeinsam ein Netz aus bunten Spuren zu malen. Die Aufgabe zeigt neue Ideen für einen ungewöhnlichen Farbauftrag, setzt aber auch eine gewisse Zielgenauigkeit voraus. Die Geschicklichkeit der Koordination untereinander wird spielerisch erhöht. Der Spaß liegt im Miteinander, ohne dass jemand wegen mangelnder Geschicklichkeit ausgeschlossen wäre. Das Ergebnis wird gemeinsam erarbeitet und wirkt garantiert faszinierend.

MATERIAL

Große Papiere (mind. DIN A3), abwaschbare, unschädliche Farbe (z. B. Fingerfarbe), kleine Bälle (z. B. Tennisbälle), kleine Fahrzeuge, Kordeln, Bindfäden

Auch für diese Aktion wird wieder viel Platz benötigt, damit die Kinder sich frei bewegen können. Der Großteil des Fußbodens wird mit Papieren abgeklebt (es können auch die Rückseiten von Plakaten oder Ähnlichem sein). An den Rändern der abgeklebten Fläche sollte noch genügend Raum für die Kinder sein, um an ihnen entlang zu laufen und zu knien. Nun werden alte Suppenteller mit flüssiger Farbe zur Verfügung gestellt. In diese tauchen die Kinder ihre Bälle, knien sich an den Papierrand und rollen sie sich über das Papier hin zu. Die Kinder sollten möglichst gut verteilt am Rand der Fläche sitzen, sodass sie die auf sie zurollenden Bälle abfangen können. Auf dem Papier entsteht ein buntes Netz voller Linien.

Ist die erste Schicht Linien fertig gesteilt (dies entscheiden die Kinder), so folgt der zweite Arbeitsschritt. Während die Farbe trocknet, suchen sich die Kinder kleine Autos oder Waggons aus, an die sie vorn oder hinten Bindfäden befestigen. Sie lassen die Räder durch die flüssige Farbe fahren und setzen die Fahrzeuge dann auf das Papier. Nun ziehen sie die Fahrzeuge über das Blatt, sodass auch hier weitere farbige Spuren entstehen.

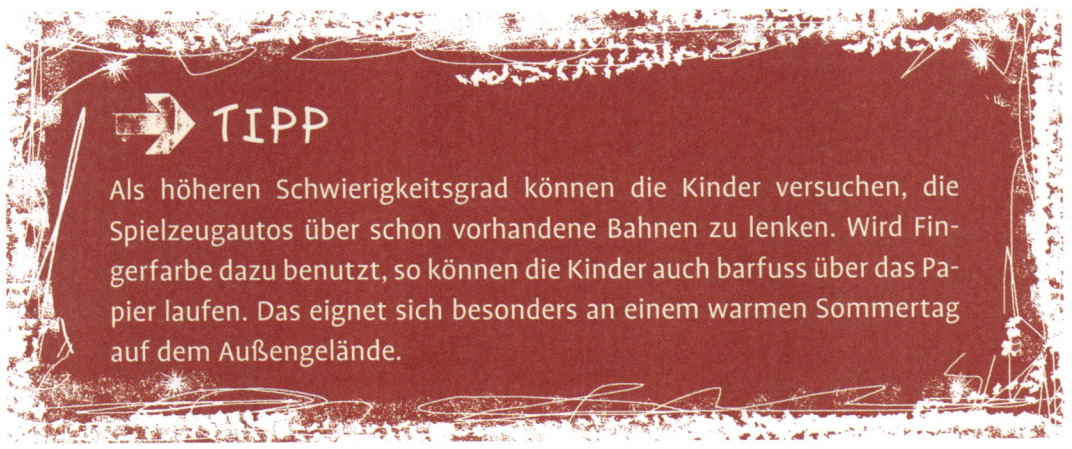

▶ TIPP

Als höheren Schwierigkeitsgrad können die Kinder versuchen, die Spielzeugautos über schon vorhandene Bahnen zu lenken. Wird Fingerfarbe dazu benutzt, so können die Kinder auch barfuss über das Papier laufen. Das eignet sich besonders an einem warmen Sommertag auf dem Außengelände.

Schlussbemerkung

Für den Münchner Künstler und Philosophen Thomas Lehnerer war das Glück „sowohl das Ziel als auch die Methode" seiner Kunst. Er hatte 1987 zusammen mit Michael Feistle die *Weltgesellschaft für Glück* gegründet. Dabei sollte das Ziel der Gesellschaft sein, die Idee des Glücks ins Bewusstsein zu rücken.

Mit den kreativen Förderideen möchte ich das Empfinden von Glück im künstlerischen Schaffen betonen. Indem wir in Kindern die Freude an Kunst wecken, lassen wir sie schulische Kompetenzen mit einer ganzheitlichen Methode „nebenbei" ausbauen. Dadurch können wir sie ermutigen, eigene Ideen aufzugreifen und dazu beitragen, ihnen eine Portion Bewusstsein für Glück mit auf den Lebensweg zu geben.

Danksagung

Für wertvolle Anregungen und freundschaftliche Hilfe möchte ich hiermit besonderen Dank aussprechen: allen KunstpädagogInnen und KunsttherapeutInnen, ErgotherapeutInnen und KunstwissenschaftlerInnen, sowie allen Kindern, die mich immer wieder auf neue Ideen bringen und auch meine Arbeit mit Rat und Tat unterstützen.

Literaturtipps

Blucha, U. / Schuler, M.: *Fühlen, hören, sehen. Förderideen für Kinder mit taktilen, auditiven und visuellen Wahrnehmungsstörungen.* Verlag Herder, Freiburg 2008

Braun, D.: *Handbuch Kreativitätsförderung. Kunst und Gestalten in der Arbeit mit Kindern.* Verlag Herder, Freiburg 2007

Breyhan, H.: *Malen, Formen und Gestalten. Konzepte frühester ästhetischer Bildung.* Bildungsverlag EINS, Troisdorf 2009

Breyhan, H.: *Wege der Fantasie. Moderne Kunst mit allen Sinnen erleben.* Bildungsverlag EINS, Troisdorf 2009

Erkert, A.: *Die 50 besten Wahrnehmungsspiele.* Don Bosco, München 2009

Größing, N. / Größing, S.: *Kinder brauchen Bewegung. Ein Leitfaden für Eltern und Erzieher.* Limpert Verlag, Wiebelsheim 2002

Helwig, M. / Schaadt, S.: *Fördermaterial: Visuelle Wahrnehmung.* Verlag an der Ruhr, Mülheim an der Ruhr 2008

Kesper, G. / Hottinger, C.: *Mototherapie bei Sensorischen Integrationsstörungen. Eine Anleitung zur Praxis.* Rheinhardt Ernst Verlag, München 2007

Mößner, B. / Rettkowski-Felten, M. / Van Dieken, C.: *Werkstattbuch Farben. Ideen für das kreative Gestalten mit Kindern.* Verlag Herder, Freiburg 2007

Nacke, A.: *Ergotherapie bei Kindern mit Wahrnehmungsstörungen.* Thieme Verlag, Stuttgart 2010

Pauli, S. / Kisch, A.: *Geschickte Hände. Feinmotorische Übungen für Kinder in spielerischer Form.* Verlag Modernes Lernen, Dortmund 2008

Vom Wege, B. / Wessel, M.: *Das große Ideenbuch Kinderförderung.* Verlag Herder, Freiburg 2009

Vom Wege, B. / Wessel, M.: *Das große Ideenbuch Schulvorbereitung.* Verlag Herder, Freiburg 2010